今の巨大中国は日本が作った

副島隆彦
Takahiko Soejima

ビジネス社

今の巨大中国は日本が作った

まえがき

この本は、私の中国研究の最新の成果の報告である。いくつか大きな発見があった。

本の中心部分は、昨2017年10月の第19回中国共産党大会（19大《だい》という）から今年3月の全人代《ぜんじんだい》（中国の国会）で新しいトップ人事が決まったことを受けて、これからの5年の中国はどうなってゆくか、だ。そして、さらにその次の5年後も考える。つまり2022年。そして2027年（習近平時代の終わり）。それまでに中国はどうなってゆくかをテーマとする。

2012年に始まった習近平体制は、通常であれば2期目の5年で終わりだった。だが、さらにその次の5年も習近平が政権を担う。3月の全人代で「任期の上限を撤廃する憲法改正案」が採択された。「習近平の独裁体制が死ぬまで続く」と、専門家たちが解説したが、そんなことはない。習近平は2027年（あと9年）で辞める。

私の今度の中国研究で行き着いた大事な発見は、その次の2022年からの5年で、中国はデモクラシー（民主政体《せいたい》・民主政治）を実現するということだ。これからの5年間は、確かに習独裁である。彼に強い力が集中して、戦争でも騒乱鎮圧でも残酷にやる。だが、その次の2022年からの5年は、中国がデモクラシー体制に移行する準備期間となるだろう。そうしないと世界が納得しないし、世界で通用しないからだ。

この説明に際し言っておきたいのは、私は「民主主義」という言葉を使わない。「デモクラチズム」という言葉はない。だから、×民主主義は誤訳《ごやく》である。

デモクラシー（代議制民主政体《だいぎせいみんしゅせいたい》）とは世界基準の政治知識であり、次のようになる。

① 普通選挙制度　ユニバーサル・サファレッジ　universal suffrage
② 複数政党制　マルチ・パーティ・システム　multi-party system

である。この「①普通選挙」と曲がりなりにも、とにかくも「②複数政党制」を完備すれば、デモクラシー国家と言える。①の普通選挙制度《エレクション》は、18歳以上の男女すべてに一人一

「共青団は野党になる、それでいい」
このあとの5年は習近平独裁である。だが横に李克強《リークーチャン》首相（共青団《きょうせいだん》）がいることが重要

李克強たちは、「私たちは悪いこと（人殺しや異常な金儲け）ができない。だから5年後からのデモクラシーで野党になる。それでいい」と、決めたのだ。

票を与え、無記名の投票《ボウティング》で代表者を選ぶ《エレクション》政治体制である。中国は、これに必ず移行していくと私はみている。

今のままでは、中国国民の反発、不満も限界に達する。現在の一党独裁は、世界がもう許さない。このことを習近平自身がしみじみとよく分かっている。

①の普通選挙制度の前提として、②の複数政党制が必要だ。少なくとも2つ、あるいは3つ、4つの大政党ができなければいけない。そして、選挙で勝った政党によって、中国の政権が作られる政治体制に変わっていくのだ。そのための移行期が2022年からだ。そこでは、もう習近平独裁は行われない。

どうして中国がそのように変わるのか。

そうした政治体制に変わらなければ世界が納得しないからである。このことは、党の長老も含めた最高指導者たちによる昨年8月に北戴河《ほくたいが》（渤海湾《ぼっかいわん》に面した中国の避暑地）で行われた会議で決定された。

習近平が去年の夏、長老たちをねじ伏せるようにして、次の5年と、さらにその次の5年も自分がやると宣言した。そしてここで中国共産主義青年団（共青団《きょうせいだん》）系と、習近平の勢力が折り合い、合意した。その証拠の記事をあとのP25に載せた。

前国家主席である胡錦濤《こきんとう》が、その場で習近平を一所懸命なだめる形で、「2017年から5年間の政治体制にも、共青団系を半分くらい入れてほしい」と望んだ。習近平はこれを拒否した。かろうじて李克強《りこっきょう》首相（国務院総理。首相）と汪洋《おうよう》副首相が共青団で、〝チャイナセブン〟と呼ばれる政治局常務委員、中国のトップ7に入った。

その他5人は、すべて習近平の系統で占められた。いやナンバー7の韓正《かんせい》は、どうも江《こう》沢民《たくみん》の派閥（上海閥《ばつ》）である。どうしても古い勢力を1人は入れないと済まないのだろう。共青団系はギリギリまで譲歩せざるを得なかった。


江沢民に育てられた習近平（当時、副主席だった）を10年間、熱心に教育したのは胡錦濤だ。「指導者になる者に必要なのは、我慢に我慢だ。私たちは派閥抗争などやっていてはいけない。中国は世界を指導する国になるのだ」と育てた。

だが、もっと深く習近平を見込んで育てたのは、鄧小平《とうしょうへい》（1904生〜1997死）だ。鄧小平が、地獄の底から這い上がった中国を、

「中国は豊かな国になる。もうイデオロギー優先の愚かな国であってはならない。民衆を

貧困から救い出さなければいけない」

として、今の巨大に成長した中国の基礎を作った。鄧小平（89歳のとき。その4年後の1997年に93歳で死去）は、1993年に40歳のときの習近平と会っている。

「お前は、（私の敵である）江沢民《こうたくみん》、曽慶紅《そけいこう》が育てた人材だ。だが、私はお前を次の時代の指導者に選ぶ」

と言って、

「それまで我慢せよ。指導者に大切なのは我慢することだ」と切々と説いた。

だから2017年からの5年間、つまり2022年までは、習近平独裁体制が続く。ここで国内を政治的にも経済的にも安定させながら、「偉大なる中華民族の復興」は、やがて「デモクラシーの政治体制」として実現する。この主張が、この本の揺るぎない骨格である。


この本での2つ目の大発見は、今の巨大に成長した中国を作ったのは、特定の日本人経済学者たちであった、という大きな事実だ。

今、大繁栄を遂げた中国にその計設図《ドラフト》、OS《オウエス》（オペレーティング・システム）を伝授した日本人学者たちがいる。中国が貧しい共産主義国から脱出して急激に豊かになってゆくためのアメリカ理論経済学の真髄を、超《ちょう》秀才の中国人留学生たちに教えたのは、森嶋通夫《もりしまみちお》（1923生～2004死。1970～1989年ロンドンLSE《エルエスイー》教授。『マルクスの経済学』1974年刊、東洋経済新報社）である。それを名門スタンフォード大学で中国人大《だい》秀才たちに長年、丁寧に授業して叩き込んだのは青木昌彦《まさひこ》教授（1938生～2015死）である。

この2人が、「マルクス経済学である『資本論』を、ケインズ経済学のマクロ計量モデルにそのまま置き換えることができるのだ」と計量経済学《エコノメトリックス》の高等数学の手法で、中国人たちに教え込んだ。これが1980年代からの（もう40年になる）巨大な中国の成長の秘訣《ひけつ》、原動力になった。

「マルクスが描いた資本家による労働者の搾取率《さくしゅりつ》は、そのままブルジョワ経済学（近代《きんだい》経済学）の利潤率《りじゅんりつ》（利益率）と全く同じである」

と森嶋通夫が、カール・マルクスの理論を近経《きんけい》（＝アメリカ経済学）の微分方程式に書き換えた（置き換えた）ものを青木昌彦が教えた。それが今の巨大な中国を作ったOS《オウエス》、青写真、設計図、マニュアル（手法）になったのだ。

大秀才の中国人留学生たちは、全米中の大学に留学していた。彼らは電話で連絡を取り合って、巨大な真実を知った。自分たちが腹の底から渇望《かつぼう》していた大きな知識を手に入れた。「この本で私たちは、欧米近代＝近代資本主義《モダンキャピタリズム》とは何だったのかが、分かった。これで中国は大成長（豊かさ）を手に入れることができる」と皆で分かった。

このときの留学生とともに、今の中国指導者のナンバー2の王岐山《おうきざん》、つい最近まで中国人民銀行（中国の中央銀行）の総裁だった周小川《しゅうしょうせん》、そして、中国の国家理論家（国師《こくし》。現代の諸葛孔明《しょかつこうめい》）の王滬寧《おうこねい》らがいる。彼らはズバ抜けた頭脳を持った人々なのである。日本人は今の中国の指導者たちの頭脳をナメている。自分の足りない頭で、中国人をナメて、軽く見て、見下《くだ》している。何と愚かな国民であることか。

やはり、鄧小平が偉かったのだ。

鄧小平が毛沢東の死（１９７６年９月９日）後、１９７８年から「改革開放」を唱えて、「中国人はもう貧乏をやめた。豊かになるぞ」と大号令をかけた。そしてヘンリー・キッシンジャーと組んで、中国を豊かにするために外国資本をどんどん中国に導入（招き入れ）

した。そして驚くほどの急激な成長をとげた。
と同時に、鄧小平はキッシンジャー・アソシエイツ（財団）の資金とアメリカ政府の外国人留学生プログラムに頼って、何万人もの優秀な若者を留学生としてアメリカに学ばせた。そのなかの秀才たちが、らんらんと目を輝かせて、「資本主義の成長発展の秘密」を、森嶋通夫と青木昌彦という2人の日本人学者から学び取った。それが今の巨大な中国を作ったのである。この大事なことについては、本書の第3章で詳しく説明する。

副島隆彦

第1章 中国国内の権力闘争と2022年からのデモクラシーへの道

もくじ

第2章 人民解放軍 vs. 習近平のし烈な戦い

第3章 今の巨大な中国は日本人学者が作った

第４章 大国中国はアメリカの言いなりにならない

第５章

ＡＩＩＢと一帯一路で世界は中国化《シノワゼイション》する

第1章

中国国内の権力闘争と2022年からのデモクラシーへの道

この先5年と次の5年、民主中国の始まり

「中国は崩壊しません」

「中国の政治体制と金融・経済は崩壊などせず、これからももっともっと繁栄して隆盛《りゅうせい》します」

こう言うと、日本では今でも嫌がる人たちがたくさんいる。しかし、もうこの人々が顔をしかめて、そむけることができない現実がある。今の巨大に発展した中国の現状を無視することはできない。

それでもなお、「いや、中国は今から崩れて、共産主義は終わるんだ」と言い張る人々はいる。私は、こういう人々を説得《パースウエイジョン》する気はない。それよりも、これからの中国がどうなっていくか。どんどん、日増しに変化してゆく中国に遅れないように、日本国民に向けて先へ先へ解読しなければいけない。このことがみんなにとって大事なことである。

そこで私は、次の5年間の習近平体制を予測し予言する。この先どうなっていくのか、

中国はこの大きな設計図にしたがって動く

2017年	中国 習近平	アメリカ トランプ	ロシア プーチン
2018年	この5年は独裁	11月に 中間選挙 リーマン・ ショックから 10年	大統領 再選 された
2019年			
2020	台湾総選挙で親中派政権が 誕生する	大統領選挙。 2期目	
2021		株暴落発生	6年間
2022	習近平3期目 さらに5年やる	ドル支配の 弱体化が 起きる	
2023			
2024	ここで中国は デモクラシーに 変わる計画	大暴落で ドル体制 の崩壊 大統領選挙の年 トランプ 終わり 次は誰でもいい	プーチン 終わり
2025			
2026			
2027	習近平終わり		

2024年、トランプとプーチンが終わる頃、中国は民主政体に移っている。それでも大国間《かん》の緊張と対立は続く。

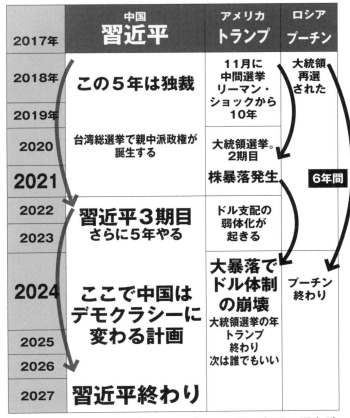

よりも、5年後にはこうなっていると断言する。それを、読者は望むだろう。

私、副島隆彦は、言論人として「予言者宣言」をしている。リーマン・ショック（2008年9月15日）や、トランプ米大統領当選（2016年11月9日）など次々と予言を本に書いて、そして当ててきた。だから読者の一部から、嫌がられることであっても、はっきりとズケズケ、ズバズバと断言調でこれからも書いていく。


2017年10月18日から24日までの1週間。第19回中国共産党大会が開かれた。5年に1度の党大会である。ここで〝チャイナセブン〟と呼ばれる最高幹部の人たち、すなわち「中央政治局《せいじきょく》常務委員」が決まった。これで習近平体制の新しい5年間が始まった。

さらに5年後に第20回党大会（〝20大《だい》〟という）があるわけだが、その5年で習近平は終わる（2027年まで）。このことが決まったのだ。テレビ、新聞では、「習近平が永世《えいせい》（死ぬまで）の独裁者になる」という解説がされたが、そんなことはない。このあと10年で習近平は辞めるのだ。

それはなぜかというと、中国共産党内部でそう決められたからだ。中国がこれから世界帝国《シージエーディグオ》になり、世界を指導していく国になるためには、今の共産党独裁体制のままではいけない。世界中が納得しない。絶対に、納得しないと、中国自身がよくよくわかっているからだ。中国国民も絶対に納得しない。だから今の習近平を次の5年で終わらせて、そしてそのあとデモクラシー体制に移行する。そのように決まったのだ。

デモクラシーとは何かについては「まえがき」で説明した。①普通選挙と②複数政党制である。この2つが揃ったらデモクラシーと言える。これに中国は移行する。そのための準備にうしろの5年をかける。これが、中国のトップたちが決めたことなのだ。次の記事が重要である。

「北戴河《ほくたいが》会議開会へ　習氏、党長老と人事めぐり攻防」

中国の習近平国家主席（中国共産党総書記）が率いる最高指導部メンバーと、長老らが避暑地に集まり、重要人事などの調整を行う恒例の非公式会議「北戴河（ほくたいが）会議」が近く始まる。孫政才《そんせいさい》前重慶市党委員会書記を解任、失脚に追い込んだ習氏の強硬路線に長老が反発しているとみられ、5年に1度の党大会を秋に控え、波乱含みの展開になりそうだ。

河北省秦皇島市《しんこうとう》の海に面した避暑地、北戴河。建国の父毛沢東が毎年夏、同地の海で泳ぐ習慣に合わせ、党、政府、軍の幹部が集まるようになったのが北戴河会議の由来とされる。

現最高指導部メンバーの政治局常務委員7人のほか、胡錦濤《こきんとう》前国家主席、江沢民《こうたくみん》元国家主席の政権当時の指導者・幹部らも参加する。

胡錦濤政権時代の2007年の北戴河会議では、江沢民氏が胡氏の後継者として当時、上海市党委《とうい》書記だった習氏を推薦した。最有力候補の李克強《りこっきょう》氏（現首相）を抑えて、習氏が後継者に選ばれることになった。開会と閉会は一般に公表されないが、通常、7月末から2～3週間行われる。

（2017年7月30日 産経新聞）

この北戴河で中国の一番重要なことは決まるのだ。このあとの会議は全てその追認である。ただし、この会議で本当に何が決まったのかはすぐには分からない。

タクシー運転手が知っていた中国の未来像

「習近平独裁」「権限集中で権力強化」と、2018年3月の全人代《ぜんじんだい》のあと、中国専門家やチャイナ・ウオッチャーたちが書いた。が、そう言いながら彼らはどこか自信がなさそうだ。5年後にデモクラシーが導入されるとここで決まったからだ。このことでナンバー2の李克強国務院総理（首相）たちの共青団《きょうせいだん》の勢力が、習近平派と大きく合意して折り合ったのだ。だから「共青団系が著《いちじる》しく力を落とした」という分析は間違いである。

新たなチャイナセブンの一覧表をP47に載せた。チャイナセブンには、習近平派が4人も入った。李克強と汪洋の2人だけが共青団系で、習近平派が非常に強くなったように見える。もう1人残った韓正（ナンバー7）は、どうやら江沢民系（上海閥）で、どうしてもこの勢力を1人は残すということだったようだ。

大きな真実は、あの偉大だった鄧小平の亡霊と遺言が、この大きな決定の背後にあるということだ。共青団系は〝隠《かく》れた民主派〟であり、デモクラシーとリベラルな考えをしている人々だ。この彼らがギリギリ次の5年間は我慢するから、その後の5年間で必ずデモクラシーをやってくれと要求した。「私たちは冷や飯《めし》喰いでいい」と。そしてそれが通ったということだ。

これは中国の2つの大きな勢力の間の激しい権力闘争でもある。その妥協として人事が決まった。中国人が大きく世界に向かって、自分たちがどういう役割を果たしたらいいのかを真剣に考えた結果でもある。権力闘争ではあるが、中国人は、先の先を見ている人々でもある。もう日本人の知識では勝てない。

帝国のことを中国語で「ディグオ」という。皇帝は「ファンディ」だ。世界は「シージエー」と言う。だから「シージエーディグオ」で、世界帝国だ。

私は中国の国内を調査旅行するたびに、この10年、いつも現地の人たちに、「中国は世界帝国になるのか」と、ズケズケと質問した。このように私は中国の民衆にも聞いて回った。知識人たちは、口ごもって、「それは無理です」と否定した。ところが、7年前だったか1人のタクシー運転手が「なる!」と言った。中国の各省ごとのテレビ局がものすごい量の歴史ドラマを作っていて、歴代中国の皇帝たちの争いをずっと放映している。だか

習近平の過去と未来

2013年の英「エコノミスト」誌は、清《しん》朝の康熙《こうき》帝の格好をする習近平の写真を表紙に掲げ、「彼は1793年当時の中国の最大版図《はんと》を目指す」と予言した。

左は子供時代の習近平。右が父親の習仲勲《ちゅうくん》（シー・チョンシュン、1913～2002年）。1958年撮影。習仲勲は、文化大革命時代に迫害されたが、その後復権した。

ら、民衆ほど歴史の話をよく知っている。テレビの見すぎということもある。

知識人層は「そんな力は中国にはない」と、むにゃむにゃ言う人が多かった。この2、3年で中国人はもっと自信をつけたのだ。

習近平の知られざる人生の転機

習近平（現在64歳）はどのように育てられた人間か。ここに大きな秘密がある。

習近平の父・習仲勲《しゅうちゅうくん》は立派な人物で、毛沢東の文革時代に大変な苦労をした。副首相までした指導者だ（八大元老《げんろう》の1人）。その息子である習近平はだから太子党（タイズータン）で、文化大革命が始まったとき（1966年）は、幹部の子供たちが行く北京のエリート中学校（高校でもある）の生徒だった（13歳）。

初めは紅衛兵《こうえいへい》運動に参加したが、すぐに自分の父親たちが腐敗分子として捕まりだした。ここからが悲惨だ。15歳（1969年）で陝西省《せんせい》（西安《シーアン》が省都）の寒村（黄土高原《こうどこうげん》）に下放《かほう》された。汚い洞窟住居に住んで地獄の苦しみを5年間味わった。このときの苦労が、習近平ら今の中国人たちのド性骨《しょうぼね》を作っている。惨殺された血だらけの死体や餓死した農民たちをたくさん見ているのだ。

やがて習近平は、北京に帰って大学に入った。このあと悪人の集団である中国の江沢民・曽慶紅《そうけいこう》の派閥で育てられた。17年間、福建省におり（49歳まで。1985～2002年）。廈門（アモイ）の党委書記などをしている。この時期に政治の悪と人間世界の暗部をしっかりと経験した。

ちなみに、江沢民《チアンツォーミン》のナンバー2の曽慶紅の父親である曽山《そうざん》は、恐ろしい男だった。1931年に、江西《こうせい》省の中国共産党員たち8万人を、ソビエトの指導部の命令で規律違反で殺した事件があった。そのときに、江西省の幹部たちを数千人捕まえて拷問にかけて殺した。それをやったのが曽山という男だ。だから中国人は、その子供の曽慶紅を非常に怖がっていた。このことは、石平《せきへい》氏の『中国大虐殺史』（2007年刊、ビジネス社）に記述されている。なお、この曽慶紅の子分である周永康《しゅうえいこう》が2014年7月失脚した。

重要なのは、習近平は江沢民派に育てられたにもかかわらず、彼が40歳（1993年）のときに、死ぬ3年前の鄧小平に会っているという事実だ。

鄧小平が、

「お前を3代先《さき》の中国の最高指導者にする。胡錦濤からいろいろと教わりなさい。共青団の善人たちでは、中国をまとめてゆくことはできないからだ」

と言った。今から25年前のことである。

この前年の1992年に、鄧小平の「南巡講話《なんじゅんこうわ》」があった。ここで「改革のスピードをさらに早めよ」という宣言を出した。大号令をかけた、と言うべきだ。

これが非常に重要だった。「南巡講話」とは、明《みん》帝国の永楽帝《えいらくてい》が広東省まで南巡したときの故事に拠《よ》る。鄭和《ていわ》の艦隊が、このとき（1405～1435年）から遠くインド洋アフリカ沿岸まで7回航海を行っている。

鄧小平は、1978年末から、「改革開放」の大号令をかけて中国は貧乏をやめて豊かな国になると宣言した。6年後の1984年12月に、イギリスのサッチャー首相と香港返還を決めた。そして13年後の1997年7月1日に、香港は中国に返還された。その3日後から「東アジア通貨危機」が起きて、東アジア諸国は日本を含めてひどい目に遭った。

この鄧小平が偉かったのだ。今の習近平は、鄧小平の真似をしているのだ。毛沢東の真似ではない。鄧小平は死んだあと墓も何も残さなかった。「銅像も作るな」と言った。彼は苦労して中国を豊かな国にした。それをはっきり言ったのは、マカオの大立者ギャンブル王のスタンレー・ホー（何鴻燊《かこうしん》1921〜）だ。この人が「中国がこの30年で本当に豊かな国になったのは、鄧小平のおかげである」と言った。

歴史を振り返ると、大躍進運動（1958〜1961年の3年間）とそのあとの文化大革命（1966〜1976年の10年間）で、中国民衆は餓死寸前の状態を味わった。「あのときは木の皮をはいで食べて生き延びた」と多くの中国人が言う。中国人は毛沢東独裁下で地獄をさまよったのだ。

1958年からの大躍進運動のときの餓死者が約2300万人。この後《あと》、政治の失敗の責任を取って毛沢東はいったんは国家主席を辞任した。

ところが1964年に毛沢東は復帰して、1966年から文化大革命を10年間やった。そして1976年にようやく死去。文革《ぶんかく》の間におそらく1億人ぐらいが餓死したり政治的に痛めつけられて死んだ。1966年から1976年の毛沢東の死まで中国は地獄の10年間だった。鄧小平はこの間《かん》3度殺されかけたが、〝不死身〟の復活を果たした。

鄧小平が40歳の習近平を見込んだ理由

なぜ、鄧小平は習近平を見込んで将来の指導者に選んだのか。それは先述したように、悪い汚れた人間たちである江沢民と曽慶紅たちに育てられた人間であるからこそ、指導者になれると判断したからだ。

近代西欧政治家の祖《そ》であるニコロ・マキアベッリの立てた原理に従えば、「政治は悪《あく》である。悪を取り扱える人間が真の政治家である」だ。習近平ならば悪いこともできるし、いざとなれば軍を動かして、内乱や暴動を鎮圧することもできる。そのような人間でなければ中国のような大きな国は統治できない。

鄧小平自身、痛い目に遭《あ》った。1989年の「6・4事件」（日本では天安門事件と言う）で、ひどい目に遭って大失敗をした。自分が見込んだ、潔癖で汚れていない最高指導者であったのが胡耀邦《こようほう》、そして胡耀邦が失脚（1987年1月）して趙紫陽《ちょうしよう》が出てきた。だが、趙紫陽も民衆寄りの善人だったから2年でダメになった。趙は、天安門広場の学生たちに

鄧小平が本当に偉かったのだ

習近平（1953〜）は、毛沢東（1893〜1976）ではなくて鄧小平（1904〜1997）を目標にしている。中国をもっと穏《おだ》やかで豊かな国にしたいのだ。日本人チャイナ・ウォッチャーたちはここがわかっていない。

自ら会いに行って説得したのだ。だが失敗に終わり、軍隊が出動して民主化運動を鎮圧して大惨事となった。

しかし天安門広場では、抗議の学生たちはほとんど死んでいない。この事実を石平《せきへい》氏らは「大虐殺」と言い続ける。死んだのは民衆だ。軍隊と街路でぶつかって600人ぐらい死んだ。こういう事実の指摘を疎《おろそ》かにしてはいけない。

胡耀邦《こようほう》こそが共青団（共産主義青年団）を作り上げた人だ。共青団は、14歳から28歳までが加入できる中国の勉強秀才のエリート集団である。

だが、こういう勉強秀才たちは、真の世の中を知らない。生来立派な人間たちだが、中国を指導していくことはできない。いざというとき、激しい政治弾圧や対外戦争を行うことができない。

民主化運動で学生と労働者が騒ぎだして、このままでは中国の国家体制を守れないということで、鄧小平は泣く泣く弾圧の命令を出した。そして共産党独裁制を守った。当時は李鵬《リーポン》が悪人で首相で、八大元老の1人、李先念《りせんねん》（次章で触れる軍人の劉亜洲《りゅうあしゅう》が娘婿《むすめむこ》）らが民主化運動を押しつぶす側に回った。そして上海市長だった江沢民を引き上げた。

かつての自分の親分で、バカたれの江沢民の横でじっと我慢することを知っている習近平

2017年10月の党大会で。自ら汚《よご》れまくることで中国を成長させた江沢民も偉かったと言うべきだろう。ド汚《ぎたな》い強欲人間がたくさんいないと資本主義的成長はできない。

趙紫陽（党の総書記《そうしょき》）が学生たちを泣きながら説得しに天安門広場に行ったとき、横につきそったのが中央書記処《しょきしょ》のトップで中央弁公室《べんこうしつ》長（官房長官の役）をしていた温家宝《おんかほう》だ。この様子を逐一党中央に報告（密告）したので、温家宝はのちに首相になれた。みんな胡《こ》耀邦《ようほう》の教え子だった。

おぼっちゃんである共青団系の理想主義と立派な人間たちでは、11億人（当時。今、公称は14億人だが本当は15億人でもうすぐ16億人）の中国をまとめていくことはできない。そのことを腹の底から分かった鄧小平は、権力をいったん10年間、汚れた人間たちである江沢民《チャンツォーミン》たち上海閥に渡した。そして、金まみれの醜い欲望丸出しの資本主義的爛《らん》熟が中国を覆《おお》うのを待ったのだ。

その間に、鄧小平は、「指導者になる人間は、我慢せよ、我慢せよ」と共青団系である次世代の胡錦濤と温家宝の2人を教育した。この2人は実質的な力があまりなく、10年間（２００２～２０１２年）上海閥をのさばらせた。江沢民たちは、腐敗の限りの激しい金銭欲望丸出しの国家づくりを続けた。その結果、中国はものすごく経済的に成長した。１９７９年から平均年率10％以上の成長が２０１１年まで30年続いた。世界が目を見張る巨大な成長であった。今（2018年）は、6・9%である。

中国は今、こうした強欲主義の金銭崇拝を修正していく段階に入った。だから習近平が、反腐敗《ふはい》闘争という厳しい幹部摘発を2012年に就任してから5年で断行したのだ。鄧小平は、こういう点まで先を読んでいた。「習近平という若い男を江沢民に悟られないように、じわーっと取り上げろ」という指令を、胡錦濤に与えたのである。

一国の指導者たるには、つねに両方の勢力とつながっていなければいけない。この原理が政治にはある。だから、悪人の江沢民や曽慶紅によって育てられた習近平を、鄧小平は気づかれないように上手に取り上げたのだ。そして胡錦濤に任せた。「10年かけて習近平を育てよ」と遺言して、1997年に鄧小平は死んだ（93歳）。

「我慢せよ。我慢せよ。政治指導者に一番必要なのは我慢だ」と鄧小平に言われた胡錦濤と温家宝は、江沢民たちにいじめられながら、10年間政権を運営した。

「我慢せよ、我慢せよ、俺は毛沢東の下で30年も我慢したんだ。耐えに耐えることこそが政治指導者の最大の鍛錬だ」と。

胡錦濤は、習近平が2007年から国家副主席になったときに、「もう中国国内で権力闘争なんかしていてはいけないんだ」と一所懸命に教育した。権力闘争、派閥闘争をやって国内が動揺していたら中国は大きくなれない。これが鄧小平の教えだ。

この鄧小平戦略に、最後まで江沢民と曽慶紅は気づかなかった。「自分たちの子分の習近平が国家主席になって、しめしめ」と、ずっと思っていた。こうやって、うっちゃりを食らったのだ。

私は、この鄧小平が大変な人物だったと思う。20年、30年先まで見据えて中国を豊かにした。毛沢東の死後権力者になった（1978年から）。そして鄧小平は、1979年には中越《ちゅうえつ》戦争をやった（今から40年前）。これは中国がベトナム国境線から南に攻め込んだ戦争だ。

そして、たった1カ月で終わらせた。これと同じことをやろうとしているのが今の習近平だ。独裁政治のふりをしているが、習近平は鄧小平から一番学んでいる。この中越戦争を〝北朝鮮処分〟で再演、再現するのである。

習近平は独裁のふりをして、実質は中国をさらに豊かな国にするということに力を入れる。そして、内部のもめごと、争いをなるべくなくして、中国は世界帝国になっていく。

腐敗の元凶となった江沢民と旧国民党幹部の地主たち

中国共産党の資本主義化（＝市場経済化）に伴う腐敗は、江沢民たちが元凶だ。彼の父親は、上海で日本軍の手先（スパイ、漢奸《かんかん》）をしていた男である。息子の江沢民も日本語が話せた。だから江沢民が国家主席になったとき、1992年から翌年にかけて、激しい反日運動をやらせた。自分の内面にこもっていた複雑な怨念の感情が出たのだろう。このあと日中関係は10年間冷え込んだ。日本の上海総領事館に、たくさんの石が投げられた。

江沢民のような人物は、若い頃から一体、自分は国民党員なのか共産党員なのか分からない。自覚のない人間だ。こういう旧国民党《グォミンタン》だった連中が、アメリカが音頭《おんど》を取った「国共合作《こっきょうがっさく》」の時代に上手に共産党の中に潜り込んでいった。そうやってアメリカが「中国人は団結して日本侵略軍と戦え」と、誘導したのだ。

大長征（1934年10月からのちょうど1年間）のあと、毛沢東をトップとする農村中心の中国共産党となった。だが、裏の真実は、地主階級の金持ち層の連中が、そのまま建国（1949年10月）後の各地方の省・市の共産党の幹部におさまっていったのだ。中国共産党というのは、表面上のきれいごとで成り立っているわけではない。

毛沢東たちは蔣介石の国民党を打ち破り、共産主義の政治体制を作った。だがそれが腐敗したというわけではない。上手に地方の共産党幹部にまで潜《もぐ》り込んだ地主たちは、上手に立ち回れなかったほうの地主たちをたくさん殺している人間たちだ。彼らの土地を奪い取った、地方のこの汚れた共産党幹部たちの度を越した金満《きんまん》化（ひとりで何千億円も持っている）と腐敗が真の問題なのだ。この事実には、私もあきれかえる。だからそれを北京の共産党中央が引き締めようとしている。これが「反《はん》腐敗闘争」の実態だ。

中国の金持ちはこうして生まれた

日本に旅行に来ている中国人も、人によっては10億円くらい持っている人たちがたくさんいる。もう私たちよりずっと金持ちだ。どうしてこういう人々が現れたか。1978年末に始まった鄧小平の「改革開放」以来の、「中国の特色ある社会主義的《てき》市場経済」で、金儲けの能力のある人間たちが、工場をあちこちに勝手に作ってどんどん生産し製品を輸出したからだ。

北京の空気が悪いのは、1860年代の「世界の工場」だったロンドンのスモッグと同じだ、と中国人は言う。日本の空気も30年前は汚かった。

1977年当時の中国の工場

2016年のテレビ工場

たとえば「ワンさんのところに行ったら、自分もちゃんと給料がもらえる。ご飯も食べられるよ」という現象が1980年代から起きていた。このワンさんは、操業停止している国営工場の中に、なんと自分の工場を勝手に作って元気よく動かした。多くの人を雇った。非能率極《きわ》まりない国営企業の中に、勝手に会社を作って多くの人を食べさせた。

動物の腹の中で別の動物が生きているような状況だ。いつの間にかそうやって中国に民間企業ができていった。「万元戸《まんげんこ》」と呼ばれた富農《ふのう》化した百姓たちがよく働いて規模が大きくなっただけでは、大量の富裕層は生まれない。

これがプライベタイゼーション＝私有化である。マルクスが『資本論』で書いた資本の原始的蓄積《げんしてきちくせき》だ。そうやって中国に金持ち層が出現した。全く同じようにロシアのオリガルヒ（新興財閥）も、ソビエト崩壊（1991年12月）のあと、急激に出現したのである。ロシアのオリガルヒたちは、ソビエト共産党の若い中堅幹部だった者たちで、人殺しでも仲間割れでも何でもしながら、獰猛《どうもう》に這い上がった連中だ。

中国ではこうして、地方の幹部たちが腐敗している。いや腐敗しているのではなくて、彼らは元《もと》が、共産党の中に潜り込んでいた地主たちの息子なのである。元《もと》から腐敗しているのだ。中国には土地私有制がないので、共産党の地方政府自身が土地を持っている。それを切り売りして、自分たちのふところに入れて、それで1人3000億円（200億元）とかの大金持ちになったのだ。

一応、民間人の企業経営者たちが頑張って成功した、という話にはなっている。だが、彼らは共産党には逆らえない。共産党の地方幹部（公務員だ）たちが、こうして自分たちで土地ころがしをやって大金持ちになった。その結果、個人資産が日本円にして8000億円、1兆円にもなろうかという腐敗した共産党幹部がごろごろいるらしい。

習近平の目的は、これからも彼らを取り締まることである。今の中国には、共産主義者とはとても言えない人間がたくさんいる。だから反腐敗運動とは、巷間《こうかん》言われているような権力闘争ではない。田舎と大都市にいる度を越した大金持ちたちから資産を取り上げよ、という運動なのである。

彼らの頭目である江沢民たち上海閥は、ようやくお払い箱になりつつある。だが、今度のチャイナセブンのビリ（ナンバー7）で韓正《ハンチェン》という男（P47の写真）が、しぶとくこの派閥を代表して生き残った。

デモクラシーへの第一歩となった共産党の新人事

先述したように、鄧小平は1997年に死んだ。彼が、その後の30年間の動きを大きく描いていた。共青団に対しては、「お前たちは、やがて中国がデモクラシーに移行していくときの、野党になれ」と諭《さと》した。だから、共青団出身である胡錦濤が、前述した2017年8月の北戴河の会議で習近平と談判して、「共青団は、ゆくゆく野党になる、でいい」と決まったのだ。この席に当然、李克強首相もいた。

私の考えでは、今から12年後には、民主政治《デモクラシー》で野党になった共青団(中国民主党と名乗るだろう)が選挙で勝って政権を担うだろう。だから決して習近平派のひとり勝ち、ということではない。習近平派の幹部たちはそのことが分かっている。「親分は、どうも自分たちを大事にしない。なかなか厳しいぞ」と。

中国は、このように着実に変わってゆく。そうしなければ、世界(=国際社会)が納得しない、とよくよく分かっている。中国が全体として代議制民主主義政体(デモクラシー)になれば台湾も喜んでその1つの省になるだろう。

習独裁ではあるが集団指導体制

	名前	序列	派閥	役職
①	習近平	第１位	——	国家主席
②	李克強	第２位	共青団	首相
③	栗戦書	第３位	習家軍	保密委員会主任
④	汪洋	第４位	共青団	全国政協主席
⑤	王滬寧	第５位	なし（戦略家）	中央書記処書記
⑥	趙楽際	第６位	習家軍	中央紀律検査委員会書記
⑦	韓正	第７位	江沢民派	筆頭副首相

陳破空《ちんはくう》（54歳）というのは、中国の反体制活動家だ。彼の最新の本の中に大事なことが書いてあった。中国の大手の不動産会社「ＳＯＨＯ中国」の張欣《ジャンシン》という女性経営者がアメリカの有名なテレビ番組「60ミニッツ」（ＣＢＳ、２０１３）に出演して言った。「中国人が求めているのはよい家や、よい生活ではない。デモクラシーです」と。

今の中国人が死ぬほど渇望《かつぼう》しているのは、もう金《かね》や財産ではない。デモクラシー（政治活動の自由）なのだと。このことを私たち日本人が知るべきなのだ。

私は、あれこれ偉そうな、難《むずか》しそうな専門家ぶった中国研究本なんか書きたくない。それよりも中国人の本音《ほんね》を書いて日本人に伝えたい。

私は11年前の２００７年刊の第１冊目の自分の中国研究本である『中国赤い資本主義は平和な帝国を目指す』で、習近平、李克強の次は、共青団の若手トップ２人である胡春《こしゅん》華《か》と周強《しゅうきょう》が次の中国のトップ２人になるだろうと予想した。

それは外《はず》れた。現実はそう簡単には進まない。見るからに善人の極《きわ》みのような２人である。この共青団のトップたちは、立派な人格者で悪いことは全くしない人たちだ。周強は、５年前にさっさと中国の最高人民法院の院長になった。日本で言えば最高裁判所長官である。人権を重視して苦しんでいる民衆を少しでも助けたい、ということに適任なのだ。

胡春華は、いくら何でもチャイナセブンに入ると私でも思った。だが外された。ということは、それだけの器《うつわ》でなかったということだ。その直前には、孫政才《そんせいさい》（重慶市トップ）がチャイナセブンに入ると噂されていたが、拘束されて失脚した。孫政才は習近平のライバルで、2012年2月にクーデター計画が発覚して失脚させられた、元重慶市党委書記の薄熙来《はくきらい》とのつながりがあったという証拠が出たからだ。

次いで重慶のトップに就いた陳敏爾《ちんびんじ》という、習近平の直属の子飼いがチャイナセブンに入るとも言われていた。だが、さすがに2階級特進はなかった。この陳敏爾は57歳で、習近平の直属のお庭番というか、スパイもやる男である。

今後のカギを握る王岐山の力

今度の習近平政権（体制）で一番重要な人物は王岐山《おうきざん》（69歳）である。彼が国家副《ふく》主席に就任した。

習近平の盟友である王岐山《ワンチーシャン》は、68歳定年制の内規に引っかかってチャイナセブンから外れた。だが、2018年3月18日に、全人代（中国の国会）で国家副主席に選ばれた。

つまり、引退せずに国家の公職についた。中国共産党内での地位はない。だが彼は、「チャイナセブン＋1《ワン》（王《ワン》）」で党の政治局常務委員会にも出席するのだそうだ。

中央紀律《きりつ》検査委員会書記だった頃、彼が血刀《ちがたな》（段平《だんびら》）を振るって、党の幹部たちを汚職で摘発して2万人ぐらいを捕まえた。この紀律委書記の権限を引き継いだのは趙楽際《ちょうらくさい》（61歳）である。だが王岐山が、その上から党と国家の両方の〝糾察隊（銃殺隊）〟の仕事を今後もやる。

王岐山の直属である楊暁渡《ようぎょうと》（64歳）が国家監察《かんさつ》委員会主任になった。新設された恐ろしい役所だ。楊暁渡は同時に中央紀律検査委員会副書記である。両方を統制する李書磊《りしょらい》という紀律委副書記と国家監察委副主任を兼任する人物も別にいる。

中央紀律検査委員会は、この4年間で幹部クラス7人を死刑にして2万人を懲役刑にし、こうした幹部につながる153万人が摘発され、失脚した。このように、習近平政権の最初の5年間は反腐敗をやり続けた。「大きなトラも小さなハエも全部捕まえる」を実現したのだ。

王岐山が対米外交までも一手に仕切るらしい

王岐山（1948〜）は20歳の頃、当時15歳だった習近平に文革の下放《かほう》先で出会い、ともに洞穴式住居で暮らした盟友だ。

「鮮明『習・王ライン』主導　王岐山氏、副主席に」

中国の全国人民代表大会（全人代＝国会）は3月17日、習近平国家主席（64）を全会一致で再選し、国家副主席に、習氏の盟友である王岐山・前共産党中央規律検査委員会書記（69）を賛成多数で選出した。昨年10月の第19回党大会で指導部を退いた王氏の副主席起用は極めて異例。習指導部2期目は「習・王ライン」が主導することが鮮明になった。

王氏は習指導部1期目に「反《はん》腐敗運動」で手腕を発揮し、習氏の権力掌握を支えた。副主席となれば事実上のナンバー2として、経済や外交で重要な役割を果たすとみられる。

毛沢東、鄧小平のカリスマ指導者による統治の後、共産党は集団指導体制を導入し、総書記を含む政治局常務委員会を最高層とするピラミッド構造が確立した。指導部メンバーが国や政府の要職を兼務。国家副主席は1998年以降、最高指導部である党の政治局常務委員か、それに次ぐ政治局員が兼務してきた。

習氏が前例を破ってまで王氏を起用したのは、産業構造の高度化や貧困撲滅などで

政治局員（25人のうちトップ7の常務委員7人を除く18人）2017年10月の党大会で決まった

ランク	名前	年齢	派閥
8	丁薛祥（ていせつしょう）	55	習派
9	王晨（おうしん）	67	習派
10	劉鶴（りゅうかく） 重要	66	習派
11	許其亮（きょきりょう） 軍人	68	習派
12	孫春蘭（そんしゅんらん） 女性	67	共青団
13	李希（りき）	61	習派
14	李強（りきょう）	58	習派
15	李鴻忠（りこうちゅう）	61	?
16	楊潔篪（ようけっち） 外交部	67	?
17	楊暁渡（ようぎょうと） 監察委	64	習派
18	張又侠（ちょうようきょう） 軍人	67	習派
19	陳希（ちんき）	64	習派
20	陳全国（ちんぜんこく）	62	共青団
21	陳敏爾（ちんびんじ） 習子飼	57	習派
22	胡春華（こしゅんか） 重要	54	共青団
23	郭声琨（かくせいこん）	63	江派
24	黄坤明（こうこんめい）	61	習派
25	蔡奇（さいき）	62	習派

実績が問われる2期目に王氏の能力が欠かせないと判断したからとみられる。王氏は中国人民銀行（中央銀行）副総裁、北京市長、副首相などを歴任し、「経済、外交、危機管理なんでもできる。手放せない人材だ」と北京の外交筋は分析する。

個人的な関係も深い。習氏と王氏は共に高級幹部子女の「太子党」とされる。2人は文化大革命（66～76年）の北京で青少年期を過ごし、若者を農村で再教育する「下放」によって同じ陝西省に移住。当時、王氏の部屋に習氏が泊まり「2人で一つの布団を分け合った」との逸話が残る。

11日の憲法改正では主席だけでなく副主席の任期制限も撤廃された。習・王ラインの長期政権に道が開かれ、習氏と王氏が「運命共同体」（北京の外交筋）であることを内外に示したと言える。

（2018年3月18日毎日新聞　傍点引用者）

中国を動かす重要な政治家たち

チャイナセブンのうち、序列ナンバー3の栗戦書《りっせんしょ》が中央書記処書記だった。これは日本

今の中国の理論家で諸《しょ》葛《かつ》孔《こう》明《めい》である

王滬寧（おうこねい、1955～）

“チャイナセブン（トップ7）”の5番目に入った。アメリカで森嶋理論を学んで、今の巨大な中国の青写真を作った。今回は宣伝部を任されて、メディア、言論の統制もやる。彼が、中国の過剰生産（サープラス）問題を突き抜ける新理論を作ったらしい。

でいえば、首相の横にいる官房長官の仕事だ。今回、栗戦書は、党中央の「保密《ほみつ》」委員会主任と、国家安全《あんぜん》委員会弁公室《べんこうしつ》主任になった。

この２つの職名がすごい。保密とは、まさしく国家の最高決断が、新聞などに漏れないようにすることだ。アメリカのトランプ政権では、この保密を、新任の〝狂暴な〟ジョン・ボルトン国家安全保担当補佐官《ナショナル・セキュリティ・アドヴァイザー》がやる。ここの機密保持が最近は一番大事だ。それと「国家安全部」というのが、アメリカのＣＩＡの対抗物《もの》（カウンターパート）である。公安部（ＦＢＩに相当。政治警察）よりも上である。安全部は１９８３年に公安部から分かれてできた。

この２つを、形だけは栗戦書が握った。しかし、どうもその上に王岐山がいる。王岐山には、別個に忍者部隊（公儀隠密《おんみつ》。王の耳《みみ》）がいる。

かつての歴代中国王朝の官僚試験である「科挙《かきょ》」にトップの成績で受かった人間の今の職名が、中央書記処書記（マンダリーン）である。中国民衆の見方からしたら「太監《たいかん》」という。太監というのは、清朝《しんちょう》（大清《しん》帝国）に仕えた男性器を切り取られた官僚たちで、つまり、宦官（かんがん）、英語で言うと「ユーナック」eunach である。日本語では「官僚」となる。

私が、中国人からもう10年前に聞いたコトバだが、中国を支配しているのは「タイカン（大監）、タイズータン（太子党）、タイタイ（太太）」だという。太太《タイタイ》というのは力のある婆さんのことで女親分。太子党《タイズータン》は、中国共産党創立時からの大幹部の息子・娘たち。「紅《こう》二代」とも言う。このコトバが最近、意味を失って消えた。習近平もこの太子党であった。

序列5番目になった王滬寧《おうこねい》（ワン・フーニン）が重要だ。この男が中国の現代の諸葛孔明《しょかつこうめい》だ、と私が名づけた。現在62歳だが、20年前からどこの派閥にも属していない。政治家としての動きはなく、上海の復旦《ふくたん》大学教授から党中央政策研究室（重要な指導理論作成）の主任になった。1995年から江沢民時代（1989～2002年）の国家ブレインになった。

王滬寧は、党の最高幹部たちから、ずば抜けたインテリ（知識人）としての処遇をずっと受けてきた。胡錦濤時代の10年と、さらに習近平時代も理論家だ。習近平が外国訪問で飛行機から降りて来るときに、ヒョコヒョコとすぐあとに付いて来て、いかにも2人でずっと話し込んでいた感じがあった。私は5、6年前から「一体何者だ」と、この男に注目した。チャイナセブンにまで入ったということは、彼が作った国家戦略プランがこれから実行されるということだ。

王滬寧たち大秀才が、アメリカに留学していた時期に、アメリカ理論経済学の真髄を学び取った。このとき、本書の第3章で説明する森嶋通夫の『マルクスの経済学』（英文原書、1973年刊）の重要性を知り、中国の国家発展計画のマスタープランに据えた。中国の1980年代からの巨大な成長は、森嶋理論に依《よ》る。森嶋が理論的に融合してみせたケインズ経済学（マクロ・モデル）とマルクス「資本論」の合体統一をOS《オウエス》にすることで、中国の巨大成長が達成されたのである。

この他に、留学組の劉鶴《りゅうかく》という人物が金融・経済の政策の実行を任された。アメリカとの経済交渉も行う。中国人民銀行（総裁は易綱《いこう》）の管轄《かんかつ》も、国務院（政府）から取り上げて党の直轄にして、劉鶴が監督するようである。ヘンリー・キッシンジャーが作った「キッシンジャー・アソシエイツ」の資金でアメリカに留学させて育てた者たちだ。

中国で一番頭のいい人材たちが、もう60歳を越えて大幹部に進出した。このことは第3章で説明する。

中国経済の命脈を握る3人衆

金立群（ジン・リーチン、1952～）

AIIB総裁

劉鶴（リュウ・ホー、1952～）

金融政策の元締め

易綱（イー・ガン、1958～）

中国人民銀行（中国の中央銀行）の次の総裁。周小川（ジョウ・シャオチュアン）を継いだ。

中国初の野党となる共青団

繰り返すが、チャイナセブンに入り損ねた胡春華《こしゅんか》らが中心となって、共青団はやがて中国の野党である「中国民主党」になってゆくだろう。2022年から中国は徐々にデモクラシーに移行する準備期間となる。①普通選挙制（ユニヴァーサル・サファレッジ）と、②複数政党制（マルチ・パーティ・システム）を実施して、うまく軟着陸させることに主眼が置かれる。これがうまく進まないと中国は大きな国だから大混乱になる。

共青団は、これからしばらく冷や飯食いとなる。だがそれで構わない。民主政治《デモクラシー》の野党として、共青団系は団結していくだろう。共青団系は秀才エリート坊ちゃんたちだから、大金持ちになっていい暮らしをするということにあこがれない。もとが貧しい人間に奉仕する共産主義思想の信奉者である。彼ら共青団系は、みずから進んで野党になっていく。今の中国人が死ぬほど渇望《かつぼう》しているのは、集会の自由と言論の自由である。豊かな暮らしなんかよりもずっと大事なのだ。

これから始まる中国の民主化（democratization デモクラタイゼイション）の実施、導入が習近平政権にとっての最大の課題となる。現実世界のむずかしさと妥協しながら、国家体制の動揺を生まないようにしながら、デモクラシーにうまく移行させることができるかに掛かっている。

習近平の派閥は「習《しゅう》家《か》軍《ぐん》」と呼ばれる。この人々が今も引きずっている悪い人間たちによって、実際の支配と統制がこれからも行われていく。この人間たちが中国共産党内で政権を握り続けるだろう。あれこれ事件を起こしながらも、5年後には、複数政党制の「２《トウ》パーティ・システム」（２大政党による政権交替体制）に中国は移行していく。

そして恐らくあと10年、あるいは15年経ったら、中国民主党が政権を握るという時代に入っていくと冷酷に予測できる。つまり、次の次（５年に１度）に党大会が開かれる２０２７年（習近平終わり）には、中国はデモクラシーの国に変わっているということだ。そうしないと、世界中の他の国々が納得しない。中国自身も、そのことはよくよく分かっている。独裁国家と言われ続けることは、自分たちにとっても非常に恥ずかしいことだという自覚があるのだ。

台湾はどこへ向かうのか

中国がデモクラシーの国になっていくのであれば、台湾はそれを認める。現在の総統（大統領）である蔡英文《さいえいぶん》はすでに人気がない。2年後の２０２０年2月に行われる次の台湾の総統選挙には、現在の台北《タイペイ》市長の柯文哲《かぶんてつ》が出る。病院経営者で若者に人気がある。その他、あの鴻海《ホンハイ》精密工業（Foxconn《フォックスコン》）の郭台銘《グオタイミン》（テリー・ゴウ）も出る可能性がある。鴻海が、アップルのスマホ製品の９割を製造している。しかもその工場群は今では、広東省どころか、その北の四川省にある。

だが、私は次ページに写真を載せた盧麗安《ろれいあん》という、現在49歳で、中国の復旦大学の教授をしている女性が、当選するだろうと予測する。

彼女は１９６８年、台湾南部の高雄《たかお》生まれで、イギリスに留学して、１９９７年（29歳）から上海の復旦大学で教鞭をとっている。現在は「上海市台湾同胞聯誼《れんぎ》会」の会長を務めている。台湾の高雄の出身であるから本省人《ほんしょうじん》（台湾人《タイワニーズ》）である。もう20年、中国で大学教授をしている。「19大」にも台湾代表として出席した。

おそらく次の台湾総統になるであろう盧麗安《ルウリィアン》（1968年生、49歳）。女でいいんだ

2017年10月、分断後の台湾生まれ台湾育ちとして初めて中国共産党大会に出席した。中国の“台湾取り”は着々と進む。

今の台湾政府は彼女を押《お》しとどめることはできない。台湾政府は彼女が中国本土と行き来することを邪魔できない。「両岸関係《りょうがん》」は、まだ休戦状態のままだ。それなのに、台湾から100万人の経営者が福建省などに進出して企業経営をしている。この関係を押しとどめることはできない。

やがて台湾は中国の26番目の省になる。問題はそれがいつか、ということである。私は、この盧麗安《ろれいあん》女史が当選する2020年から4年後、つまり次の次の総統選挙（2024年）のときに台湾の国民投票《レファレンダム》で、中国への編入（復帰）を決めて中国の26番目の省になるだろうと予測する。なぜなら中国本土がこのときは、デモクラシー体制に大きく近づいているからだ。もう中国が台湾に軍事侵攻するという手荒な手段はとらないで済む。

台湾（タイワニーズ、台湾人）の希望としても、中国本土がデモクラシー（民主政体）の国家になるのならば、自分たちも中華系民族としてそこに入る、という判断になるはずだ。つまり「平和的統一」である。

歴史をさかのぼると、1971年10月25日に、台湾は国際連合から追放された。本当に「追放」（エクスコミュニケイション）されたのだ。日本ではこの事実をなかなか教えない。

同時に中華人民共和国が国連に加盟した。中国はこのあと、安保理《あんぽり》のパーマネント・メンバーズ（5大《ごだい》常任理事国）の一国になった。以後、台湾は国際社会から国家として認められていない。

独立国家であることを主権《しゅけん》（sovereignty ソブリーンティ）と言う。主権国家であることが、国連への加入の条件である。台湾はそれを認められていない。台湾独立論は、ますます国際社会（世界）が認めない考えとなった。日本国民は、こういう簡単な事実をはっきりと習っていない。誰も教えない。テレビ、新聞もいやがって書こうとしない。1972年9月に田中角栄と大平正芳が訪中し、周恩来首相と結んだ日中共同声明のときから、日本政府も台湾を国家として認めていない。

重大な変化は2017年の2月9日に起きた。トランプ大統領が習近平に電話して、「アメリカは以後ワン・チャイナを認める」と断言した。このことを知った直後に蔡英文は泣き出した。かけつけた李登輝《りとうき》（元総統　賢人《けんじん》の台湾人）と抱き合って台湾の運命が激変したことを知った。

このあと南シナ海のスプラットリー（南沙）諸島《アイランズ》問題で、中国とアメリカの軍事衝突の危機が起きたら、アメリカ（トランプ）はまた「台湾をアメリカは守る」と言い出すだろう。そして再び「ワン・チャイナ（ひとつの中国）を認める」と前言を翻《ひるがえ》すだろう。トランプというのはそういう男だ。中国の着実な動きからして、大きくはアメリカは南シナ海から引いてゆくだろう。

バチカン（ローマ・カトリック）と中国の戦い

中国には宗教問題が存在する。これも非常に大事なことで、中国国内で宗教弾圧が続いていて、ローマ・カトリック教会によるキリスト教も監視されている。キリスト教諸派のなかで、ローマ・カトリックが一番強硬である。中国は「宗教は人民のアヘン」という建国以来の国是《こくぜ》でやってきた。今の中国憲法は宗教（信仰）の自由を認めている。だが、カトリック教徒たちに対しては、中国政府は今も異様な敵意を抱いている。

本当のことをブチまけて私が書くと、共産主義思想も実は宗教なのだ。共産主義の思想がイデオロギー（ドイツ語。英語ではイデオロジー）であることは、中国も自分たちで認めている。だが、イデオロギーとは宗教なのである。このことを私たちは、はっきりと知

ローマ教会が中国にすり寄る

本当の極悪人であるフランシスコ法王

“不倶戴天《ふぐたいてん》”の敵どうしが、憎み合いながらもそろそろ妥協しようとしている。両者が合意して、中国カトリックの地下教会を合法化させようとしている。この写真は中国政府が公認しているほうの教会の中の様子。

るべきだ。

ドイツの西部の大都市フランクフルトの西にある国境に近いトリール（Trier）という都市で、共産主義者の〝教祖さま〟であるカール・マルクス（1818～1883年）は生まれた。そこに巡礼《ピルグリメッジ》のように、今、中国のインテリの若者たちが訪れている。マルクスのお墓がある町だ。

もう人類史がここまで来たら、何もかも正直に、大きく認めてしまうべきだ。そもそも私たちの今の世界は大きくは、「お金と宗教と帝国」この3つでできている。宗教は、小さな民族の宗教から帝国全体の宗教になっていった。共産主義（社会主義）も宗教の一種なのだから、〝共産主義宗教〟というのが厳然として世界中に存在しているのだ。日本共産党員たちもその信者さんたちなのだ、と思ってあげるとかえって理解できる。

中国が今なお共産主義信仰の牙城《がじょう》であるものだから、ローマ教会の総本山のバチカンとは今でも「不倶戴天《ふぐたいてん》」で、激しくいがみ合っている。「其《そ》れ（共《とも》に）同じ天（＝神）を戴《いただ》かず」で、互いに譲らない。ところが最近、カトリックの側が折れてきた。

中国は今も不思議なことに労働組合の存在を認めない国である。なぜなら中国は、労働者が資本（家）の支配から解放された国だということになっているからだ。だが、実際には地下《ちか》労働組合がある。日本でも20人程度の小さな会社ならともかく、100人ぐらいの会社になると組合ができてくる。経営者としてはとってもイヤなのだが。仕方なく従業員代表者委員会のようなものを作って、ガス抜きをする。労働基準監督署《ろうどうきじゅんかんとくしょ》も、そういう従業員の代表者を届け出しろと言う。

この地下労働組合と同じように、中国には地下教会というものがある。「アンダーグラウンド・チャーチ」だ。

そもそも、キリスト教を日本語では「天主教《てんしゅきょう》」と訳さなければいけない。日本では歴史的に「耶蘇教《やそきょう》」としてきたが、これは間違いである。日本史学者たちの無知のせいだ。耶蘇会《やそかい》、耶蘇教というのは、カトリックのなかでも一番強硬派であるイエズス会のことだ。英語では Society of Jesus ソサエティ・オブ・ジーザスという。このジェズーイット Jesuit 耶蘇教を江戸幕府が厳しく禁圧した。

中国には天主教愛国会がある。これは中国政府が公認しているほうで、7人のカトリックの司教を独自に任命している。

「バチカンと北京の接近で深まる台湾の憂鬱」

最大の争点は、カトリック教会の司教の任命だ。中国は政府公認の中国天主教愛国会で7人の司教を独自に任命しているが、バチカンはこれを正式に承認していない、一方、バチカンは中国の非公認の「地下教会」で30～40人の司教を任命しているが、中国政府からの承認はない。

しかし1月末に、両者の関係が大きく前進すると思わせる報道があった。バチカンが、中国に承認されていない司教2人に身を引くよう促し、代わりに中国が望む司教（1人は11年にバチカンから破門された）を受け入れるというのだ。

香港教区のジョセフ・ゼン枢機卿は報道の事実を認め、バチカンが中国に「寝返った」とフェイスブックで非難している。

（2018年2月13日号 ニューズウィーク）

「バチカン、中国に接近　司教国内任命権で合意か」

「法王の周りが中国の実情を伝えていない」。カトリック香港教区の元《もと》司教である陳日君・枢機卿は2月9日、香港で日本経済新聞などと会見し、中国とバチカンの接近に強く反対した。香港の民主化運動の支持者としても知られる陳氏は、1月にフランシスコ法王と面会。法王が中国への融和姿勢を見せたことに失望し、「バチカンは中国のカトリック教会を売り渡そうとしている」と批判していた。

現実の動きも出ている。2017年12月、バチカンは中国国内の複数の教区の司教に引退を勧告し、中国政府が後押しする人物に座《ざ》を譲るよう求めた。カトリックの教義に反して妻帯するなどして、破門宣告を受けていた天主教愛国会の幹部らの赦免も検討している。

ロイター通信はバチカン幹部の話として、中国とバチカンが司教任命の枠組みについて数カ月以内に合意文書を交わす見通しだと報じた。

ただカトリック教会内には中国との関係修復への反対論も根強い。中国国内には約1000万人のカトリック信者がいるとされるが、共産党に従わず法王に忠誠を誓い続けてきた非公認の「地下教会」に通う信者も少なくないためだ。地下教会が天主教愛国会の傘下に組み入れられれば、信者の情報が政府に筒抜けとなり、信教の自由がこれまで以上に脅かされると懸念する声は多い。

（2018年2月10日 日本経済新聞）

この記事から分かるとおり、バチカンが今も地下教会の30人から40人の司教を任命している。これを取りやめてお互いが妥協し、中国共産党公認の中国天主教愛国会の司教（ビショップ）を、バチカンも認めると言い出した。そうしたら今度は、香港や台湾のカトリックの司教や枢機卿《すうきけい》が怒りだした。

そろそろ、バチカンも中国の力を認めざるを得ない。キリスト教徒として信仰の自由が認められるのであれば、ここはもう折れてもいいと思い始めた。ただし、バチカンが台湾との国交を断絶しなければ、中国政府はバチカンと国交を結ばないと要求している。

人類の諸悪の根源はローマ・カトリック

実は、私はローマ・カトリックが大嫌いだ。私の30年間の欧米政治思想《ポリティカルソート》の研究で、行き着いた結論は、人類（人間界）の諸悪の根源はローマ教会であった、ということである。

私が深く尊敬するミケランジェロとモーツァルトとニーチェという3人の人類史上最高の知性たちが、激しく闘い最も憎んだのが、まさしくローマ・カトリック教会の高級坊主（僧侶）たちであった。

宗教弾圧というのは、宗教団体が国家や権力者（国王）などから弾圧されて信仰者たちがたくさん殺された事件だ、と考えられている。ところが、ヨーロッパの歴史を詳しく調べたら、宗教弾圧はローマ教会自身によって、ほとんどが行われていた。信教の自由を一番侵したのはローマ・カトリックだ。ヨーロッパ各国の歴史のなかで、一番の殺戮を行ったのはローマ・カトリック教会だ。

宗教が政府によって弾圧されたのではない。ローマ教会が、宗教裁判（Ordeal オーディール）によって、ヨーロッパの知識人や立派な人たちをたくさん焼き殺したのだ。このことを抜きで、宗教の自由とか言論の自由を言うべきではない。

やはり、人類の諸悪の根源はローマ・カトリックなのだ。共産主義の悪《あく》のせいで人々が虐殺された罪《つみ》は、その次だ。あのイタリア・ルネッサンス運動というのは、まさしくローマ教会による抑圧、弾圧と、それに対する知識人たちの血みどろの闘いだったのだ。日本人はこういう大きな本当のことを今も教えられていない。バチカンは、ものすごく多くの悪いことをしてきたのだ。

この中国とバチカンの争いとかけ引き（話し合い）は、年季が入っているから互いに簡単には済まないと分かっている。まさしく不倶戴天なのだ。中国には現在4000万人のクリスチャン（キリスト教徒）がいる。だがその実態は、ほとんどが法輪功《ほうりんこう》の信者たちである。キリスト教徒と言われているのは、そういう人たちだ。

蛇頭《じゃとう》などの手引きで、日本に密入国してきた人たちもそうだ。それらを大きくはローマ教会が背後から動かした。韓国（朝鮮）発祥とされるあの奇妙なキリスト教（日本にも大勢いる）も、その背後にローマ教会がある。アメリカのプロテスタント系の教会の動きではない。

中国の各都市には一応天主教《てんしゅきょう》の教会がある。公認されている人々が通うのだろうが、彼らはきっと、地下教会とも混ざっていて、両方に入っている信者たちもいるのだろう。時々、一斉取り締まりに遭って、教会の建物ごと破壊されたりしている。

チベット仏教について物申す

中国の別の大きな宗教問題として、チベット仏教がある。広大なチベット自治区は、今では8割ぐらいの人口が漢民族《ハン・レイス》になっている。混血していない純粋のチベット族はもう、300万人くらいだろう。チベット仏教の指導者であるダライ・ラマ14世（1935年〜）が、チベット族の精神の拠《よ》りどころだ。

〝生き神さま〟であるチベットのダライ・ラマ法王の歴史は、実はそんなに古くない。1407年に明の永楽帝が当時のカルパマ5世をチベット王として認めた。これが始まりだ。1578年に、モンゴル（オイラート族）の偉大な支配者だったアルタン汗《ハーン》が、ダライ・ラマ3世を任命した。これがダライ・ラマ称号の始まりである。

1642年に、モンゴル族の王のグーシ・ハーンがチベット全域を制圧して、ダライ・ラマ5世に支配を任せた。このとき、清朝（順治《じゅんち》帝）が、ダライ・ラマ5世をチベット王と認めた。中国側の文書では1653年に正式に認めている。

1645年に、今の首都ラサにポカラ宮殿を造営し始めた。だからチベットのダライ・

ラマの神権政治《しんけん》（神聖政治。テオクラシー Theocracy）の歴史は、500年しかないのだ。この時代は、明《みん》帝国が滅んで、満州族の清《しん》が興った頃なので、チベットや新疆ウイグルなどの内陸部には遊牧民《ノマド》たちがいた。

1720年に清朝《しん》（康熙帝《こうき》）が、ダライ・ラマ7世をチベット王と認めた。

こうやって、このあとモンゴルのほうまでラマ教（＝チベット仏教）を、中国の皇帝が計画的に広げていったのはなぜか。仏教は殺生《せっしょう》（人殺し）を好まず平和を愛する思想だ。このチベット仏教の力で遊牧民（モンゴル族）を、世の中を物騒にならず穏やかにする。そのための政策だったのだ。モンゴル族がこれ以上凶暴になって、騎馬軍団で中国に攻め込まないように穏《なだ》める（馴致《じゅんち》する）。そのためにチベット仏教を利用したのだ。

チベットは吐蕃《とばん》という国があった頃（7世紀～9世紀）だけ強かった。中国まで攻め込んだ。その後は山岳民族の静かな国になってしまい、高原から攻め込んでこなくなった。このことからも、チベット仏教が果たした役割は大きい。1578年、チベット仏教はモンゴルにラマ（僧）教となって入って行った。

清朝は、自分たちは元がマンチュリアン（満州人）であり同じ遊牧民だから、モンゴル

チベット仏教の僧侶たちよ、そろそろ働け

17世紀中頃から、ポカラ宮殿の建設は始まった（上）。ダライ・ラマがいつも苦しそうな顔をしているのは、僧侶たちがお布施にたかって生きているからだろう。

人が暴れるのがものすごく嫌だった。だから、モンゴル人をおとなしくさせるためにラマ教を広めたのである。

モンゴルにはラマ僧以外に、シャーマンもいる。私は2009年に現地に行って観察した。どちらも生まれながらに超能力がある人でないとなれないらしい。預言（口寄《くちよ》せ）や呪《まじな》いもする。

ラマ僧も呪いをする。お金を取る。シャーマンとの扱いはほとんど一緒だ。どちらも霊能者でなければいけない。才能がない人がなってはいけないことになっている。そうでないと修行中に狂い死にすると、私は現地で聞いた。

現在、チベットからたくさんのチベット人が亡命して、インドの北部の都市ダラムサーラに亡命政府を作っている。ここは昔からチベット人がたくさんいたのだろう。インド政府にとっては、やっかいな人々だ。しかし、国連人権規約に基づき政治亡命者（アサイラム asylums。一般人であれば refugees である）として受け入れている。

ダラムサーラにはチベット人の亡命者（政治難民《レフュジーズ》）が6万人ぐらいいる。チベット仏教の僧侶たちは働かないで、お経を読んで暮らしている。私は、僧侶が働かないというのはよくないと思う。人々に喜捨＝法要＝お布施＝ご供養と称して、たかって暮らしている。彼らはちゃんと働くべきだ、と私は考える。お祈りをやっていればそれでご飯が食べられるなんて、間違った考えである。

第2章

人民解放軍 vs. 習近平のし烈な戦い

北朝鮮〝処理〟とその後

この本が発売される5月初めでも、まだ北朝鮮が、核ミサイルを持っていてなかなか放棄しない問題は、続いているだろう。私の考えでは、今の金正恩《キムジョンウン》体制は米と中によって他の人間に取り換えられる。そして、もっと穏やかで温厚な政治体制に変わるだろう。そうしなければ私たち日本人を含めて世界が納得しない。アメリカと中国およびロシアによる「世界3大国」「3帝国」によって世界は実質的に動いてゆく。これが私、副島隆彦の大柄の、これからの世界理解である（この世界3帝国の説明についてはP186を参照）。

今の北朝鮮には、1970年代のベトナム戦争（1965〜75）のときのベトナムのような「グレイト・バッカー」（great backer すなわち大後方《だいこうほう》）がいない。ベトナム戦争のときは、北ベトナムには大後方（うしろ盾《だて》）としてソビエト（ロシア）と中国がついていた。だから簡単には終わらなかった。

今回の北朝鮮問題では中国（習近平体制）は、必ずしも金正恩の味方をしない。金正恩

習近平は軍人たちを叩《たた》きのめしたい

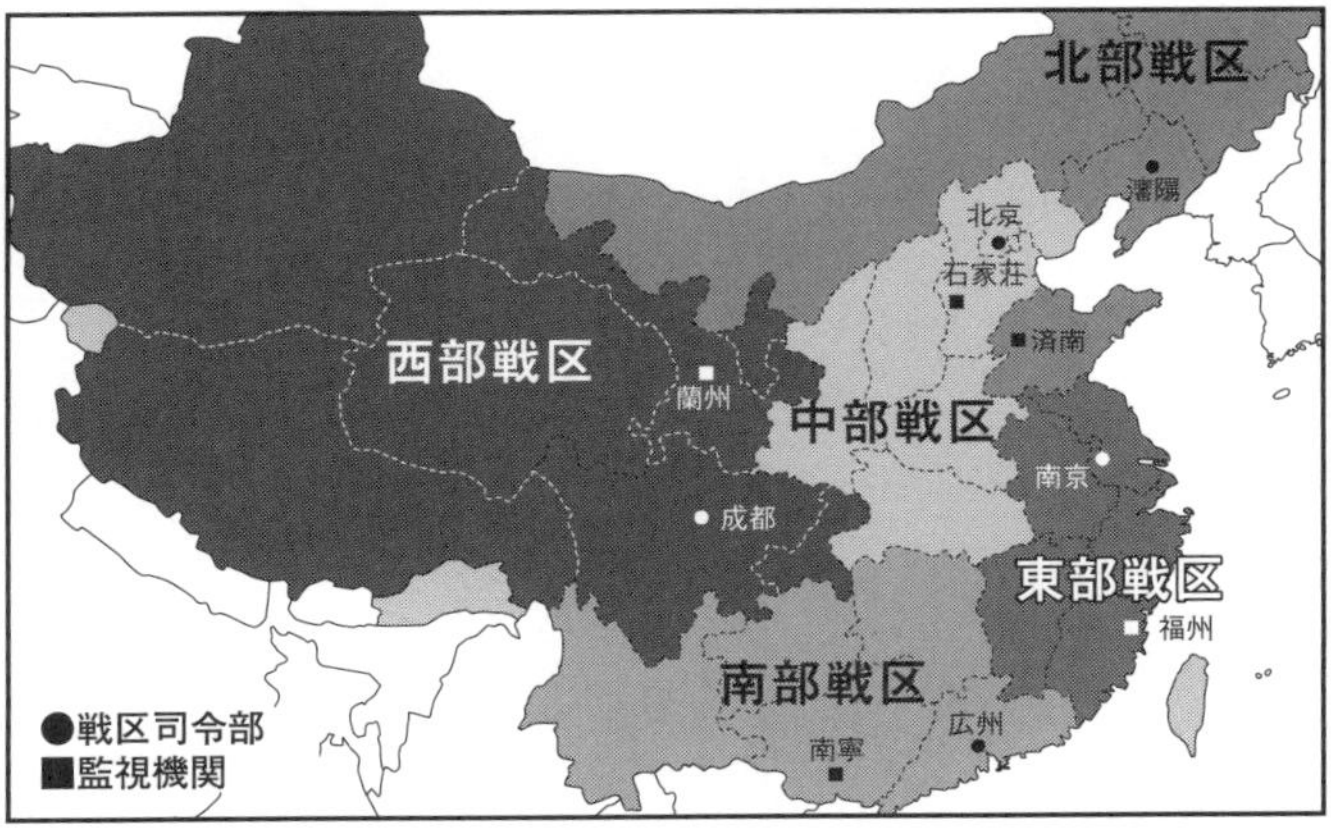

習近平は2015年末に軍をテコ入れし、7大軍区を5大戦区に再編成した。

陸軍

陸軍司令員
韓衛国《ハン・ウェイグオ》
Han Weiguo
1956年生まれ／61歳

空軍

空軍司令員
丁来杭《ディン・ライハン》
Ding Laihang
1957年生まれ／60歳

海軍

海軍司令員
沈金竜《シェン・ジンロン》
Shen Jinlong
1956年生まれ／61歳

はあまりにも自分勝手に核武装に向かって突き進んだ。このことに一番怒っているのは誰あろう習近平である。

現状の38度線という軍事境界線は、このまま維持されるだろう。南北統一、民族統一はさせないという、世界政治の冷酷な現実が続く。

朝鮮戦争（コリアン・ペニンシュラ・ウォー）が始まった1950～51年の、ちょうど1年間は、実質はアメリカと中国の戦いであった。6月25日の勃発から1年後の1951年6月に、「休戦協定」（シースファイア・アグリーメント）が作られた。これは決して「平和条約」（ピース・トリーティ）ではない。

現在、金正恩側は自分たちが核ミサイル（ICBM《アイシービーエム》）を持ったまま、アメリカと平和条約を結びたい、と言い出している。とんでもない要求であり、世界がそんなものを認めるはずがない。平和条約とは何なのか。その意味を日本人は知らない。「平和でよかったね条約」や「友好親善《しんぜん》のことだ」ぐらいに思っている。平和条約とは「戦争終結《しゅうけつ》条約」のことなのだ。

ここで国と国との紛争や戦いの段階を説明する。

1 ミリタリー・コンフラグレイション（military conflagration）

国家間《かん》の軍事衝突のことをミリタリー・コンフラグレイションという。これは双方で数人から数十人単位で死者が出る衝突である。ただしこの場合の戦闘員は、兵士すなわち軍事公務員でなければならない。スパイや、民間人に偽装した人ではダメだ。お互いの国の正規の軍事公務員が死ぬような戦闘が起きたということだ。だから、ここで国家と国家の真剣な交渉となる。そして休戦協定（シースファイア・アグリーメント）が結ばれる。

この「ミリタリー・コンフラグレイション」という言葉を、まず日本国民は覚えるべきである。

2 ミリタリー・コンフリクト（military conflict）

ところが、その小さな軍事衝突は、しばらくするとまた起きる。そしてまた、休戦（停戦）協定を結ぶ。それでもやっぱりまた戦闘が起きる。そして、この規模が大きくなると「事変《じへん》」と呼ぶ。こうなると100人から1000人単位で双方の兵士が死ぬ。これをミリタリー・コンフリクトと言う。

満州事変（1931年9月16日）や日華（シナ）事変（1937年7月7日。盧溝橋《ろこうきょう》事件）がその例である。ソビエト軍と日本軍がモンゴル国境でぶつかったノモンハン事件も事変《じへん》である。1万人ぐらいの日本兵が戦死したらしい。ロシアからは、「ハルハ川戦争」と呼ばれる。

3　ウォーフェア（warfare）

このあと宣戦布告（ウォー・デクラレイション）をお互いがすると、ようやく本当の戦争になる。

戦争のことをウォーフェアという。そして、これをだいたい3年半ぐらいやる。そうすると、双方が疲れて戦闘《バトル》をやめる。そして休戦協定《シースファイア・アグリーメント》を結ぶ。このあと交渉が本格的にうまくいけば、平和条約《ピース・トリーティ》が結ばれる。今の日本は、ロシアと北朝鮮とだけは、まだ平和条約を締結していない。

この戦争についての一連の手続き（プロシージャー）を、私たちはそろそろ国民知識として知るべきである。

朝鮮人は中華帝国を打ち破った歴史がある

高句麗のウルチ・ムンドク将軍が中国に勝った。2回隋帝国と戦って勝った。しかし翌年、敗死。これで隋（2代煬帝《ようだい》）が滅ぶ（618）。次の唐帝国は新羅と組んで、百済そして高句麗をはさみ撃ちで滅ぼした。このあと新羅が唐に離反して、日本（天智天皇）は生き延びてホッとした。

北朝鮮が〝処理〟されてきた歴史

歴史を勉強すると、朝鮮半島にあった国家は、中国（歴代中華《ちゅうか》帝国）に対してなかなか強かった。西暦611年と612年には、高句麗と隋帝国が戦って、2度戦って負けている。これが朝鮮史では非常に重要で、これによって隋（2代、煬帝《ようだい》）が滅んだ（618年）。

次の唐の時代になっても、高句麗は初めは負けなかった。ウルチ・ムンドク（乙支文徳）という英雄の将軍が強かった。しかし唐は新羅《しらぎ》（シルラ）を引き込んで、はさみ撃ちにすることで高句麗はついに滅んだ。（668年）。

その8年前の660年には、百済《くだら》も滅ぼされた。この百済を救援に向かった倭国《わこく》の軍勢2万8000人が、白村江《はくそんこう》の海戦で全滅した（663年）。このとき天智《てんち》天皇（中大兄皇子《なかのおおえのおうじ》）は、福岡まで兄貴分である倭国を支援するために山門《やまと》から来ていた。だが倭国の軍勢が、白村江で全滅したのである。王たちは捕虜になって帝都洛陽《らくよう》に連行された。そこで天智は急いで大津（琵琶湖のほとり）に戻り、ぶるぶる震えながらも強固な城を築いた。天智天皇は、唐と新羅の連合軍が攻めてくると必死に防御の態勢を作った。ところが、何とこのあと新羅が唐帝国と内紛を起こして分裂した。これで天智天皇の率いる山門国《やまと》（畿内《きない》の王国）は救われた。このあと天智天皇は、西暦668年、「日本」という言葉を使い始めたのだ。これが日本建国（西暦668年）である。これは故岡田英弘東京外語大教授（1931～2017年）の学説であるが、現在、日本史学界でも、これがイヤイヤながらも通説になりつつある。

そして、ほとぼりが醒《さ》めた頃、唐からの招きがあった。天智は何喰わぬ顔をして、遣唐使を出した（702年）。ここで、滅んでしまった兄貴分の国である倭国までまとめて自分が「日本」国の王であると主張し、唐帝国に認められた。これが日本史の真実である。このあと高句麗の将軍だった大祚栄《だいさくえい》が渤海国を作っていく。「太王四神記《だいおうしじんき》」と呼ばれるドラマの舞台だ。

この渤海と日本は非常に仲が良かった。新羅とは仲が悪かった。だから遣唐使は、安全な陸地沿いを行くことができずに、危険な直行航路をとった。九州から真西に中国海岸の寧波《ニンポー》まで危険を覚悟で航海したのである。

近い未来に訪れる朝鮮半島の現実

さて中国の計画としては、核ミサイルを処分した北朝鮮を、韓国と共同で援助し、北朝鮮を穏健な社会主義国に作り替えて、今のミャンマーのような国にしたい。ミャンマーは、つい最近の2015年（アウンサン・スーチー女史が選挙で圧勝した）までは軍事独裁政権だったのだ。そのあとミャンマーは外資に国を開いて資源開発から始めて、急激に豊かな国になりつつある。

北朝鮮もこれと同じようにやって、2500万人の国民を現在の飢餓の状態から早く脱出させなければならない。私もこの考えに賛成である。西側世界《ザ・ウエスト》と中国側との中間地帯にあって、新しくできる北朝鮮の政府と韓国との民族統一を目指す動きは、これからも続くだろう。

一方で米軍も朝鮮半島からは簡単には引かない。私が対談した、長年、韓国軍情報部の戦争兆候《ちょうこう》研究官をしていたコウ・ヨンチョル（高永喆）氏に聞いたら、米軍は烏山（オサン）と群山（クンサン）の米軍基地は手放さないそうだ。それと釜山の軍港もアメリカは使い続けるだろう。これが朝鮮半島の現実だ。

鄧小平が行った中越戦争《ちゅうえつせんそう》（1979年）がモデル

習近平は北朝鮮処分を実行することで、本心では自国の軍を叩きのめしたい。

習近平の隠された真意は、自分（共産党）に逆らってばかりいる軍隊（人民解放軍）を、どうしても北朝鮮に出撃させたいのである。それで中国軍の将兵が戦闘や地雷原《じらいげん》で死ぬことも計算のうちである。中国軍は、1979年の中越《ちゅうえつ》（中国・ベトナム）戦争のとき以来40年間、戦争をしたことがない。実戦を経験していない軍隊が強いわけがない。だから習近平は、自国の軍人たちを鍛《きた》え直すという深慮遠謀《しんりょえんぼう》を抱いているのである。

もちろん北朝鮮から危険な核兵器を取り上げるというのも、習近平にとって目的である。この点ではアメリカのトランプと何の変わりもない。なぜなら、北朝鮮の核ミサイルが配備してある西部の東倉里《トンチャンリ》から北京まで800キロしかない。そして確実に北朝鮮の核ミサイルは北京を狙っているのである。「まさかそんな」と思う人もいるだろうが、現実の国際政治というのは、そのようなものなのだ。

1976年に10年間続いた文化大革命が終わった。その9月に毛沢東が死んだ次の年に鄧小平が権力者の地位についた。そして翌1978年10月には、鄧は日本に来た。理由は国交回復の批准書《ひじゅんしょ》の交換である。そのとき鄧小平は昭和天皇と会った。天皇が「日本は中国に大変なご迷惑をおかけした」と謝罪の言葉を言ったとき、鄧小平は「背中を電流が流れたようだった」と述懐している。

そして、日本から帰ったあとの12月に、「改革開放」の号令を出したのだ。翌1979年1月にはアメリカに行った。そしてカーター大統領などよりもまず、〝世界皇帝〟デイヴィッド・ロックフェラーとその忠臣のヘンリー・キッシンジャーに会った。「中国は何としても貧困から脱出したい。協力してほしい」と2人に頼んだ。このときからが中国の巨大な成長と復興の始まりである。

そして、アメリカから帰ってすぐの1979年2月にベトナムとの戦争をする。中国軍は、北ベトナムに3方向から侵攻した。そして激戦となった。この戦争の理由は、ベトナム軍が、自分の言うことを聞かない、過激なカンボジアのポル・ポト政権に対して軍事侵攻をしたからだ。これに対する懲罰《ちょうばつ》行動として、鄧小平は中国軍にベトナム領内に一斉

私は2010年、中越戦争の激戦地跡《あと》を訪れた

私が訪れたベトナムの北の国境沿いのラオカイの町と中越国境の橋（左）。1979年の戦争の砲撃で山の形が変わったという（筆者撮影）。

に越境攻撃させた。カンボジアは親《しん》中国の立場だった。今もそうである。

これは、ちょうど丸1カ月だけの戦闘で終わった。鄧小平が「撃ち方止《や》め」を命令した。ベトナム国境には中国兵の死体の山ができた。7万〜10万人の死者と言われる。ベトナム兵の戦死者はその半分ぐらいだったようだ。

実はこの戦争の隠れた鄧小平の真意は、軍人たちを粛清《しゅくせい》することだった。毛沢東主義に狂った軍人たちが、兵器の近代化もせずに、軍閥《ぐんばつ》（ミリタリー・バロン）化して割拠して、地方の王様気取りであった。

ベトナム軍は、米軍が残していった最新兵器（戦闘機と戦車）で迎え撃った。このベトナム軍に中国軍はとてもかなわなかった。中国の大敗である。このことを教訓にして、鄧小平は中国軍人たちを締め上げて、完全に自分の支配下に置いた。これと全く同じことを習近平は40年後の今、やろうとしているのである。このときの中越戦争こそは、今回の北朝鮮処分のモデルケースなのである。

中国としての大義名分は、中越《ちゅうえつ》戦争はベトナムがカンボジアに侵攻したことへの懲罰行動だった。だが真実は、中央軍事委員会の主席に復帰した鄧小平が、人民解放軍の幹部

2015年11月に習が再編した人民解放軍組織図

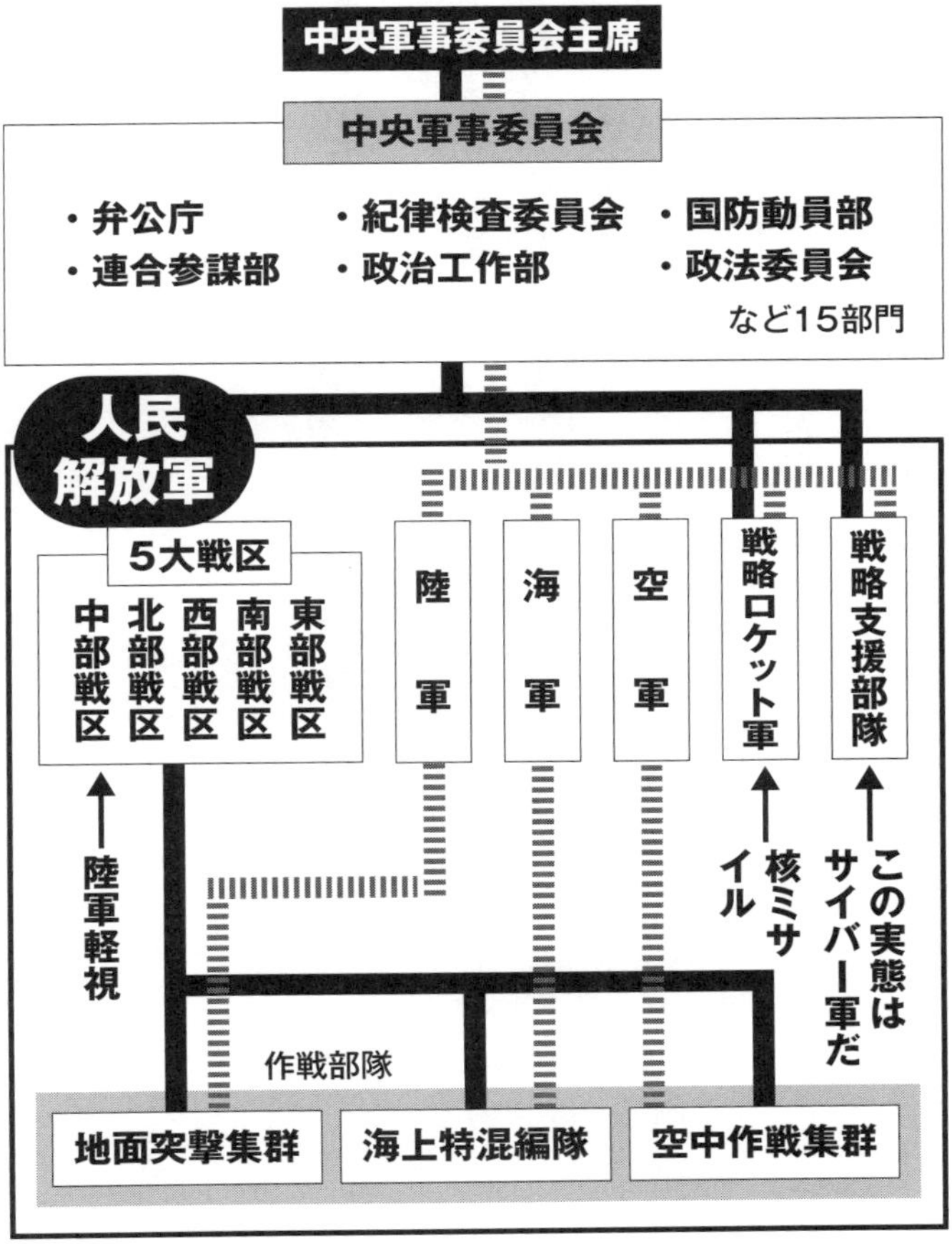

たちを叩きのめすために、わざとベトナムへ侵攻させたのである。

　この中越戦争のときに26歳で中隊長（指揮官）だった李作成《りさくせい》が、２０１７年、参謀総長（軍のナンバー3）になった。今回の北朝鮮処分で、この李作成が北朝鮮に侵攻・進撃する中国軍の司令官になるだろう。

7軍区から5戦区へと変わった本当の意味

　習近平は２０１２年10月党大会（18大）で、胡錦濤を継いで最高権力者になった。すぐさま、さまざまな改革を断行した。それが表面化したのは２０１５年ぐらいからだ。

　２０１５年末に激しい軍制改革を行った。

　従来のそれぞれが「地方の王」のようだった軍人たちから権力を奪い取り、中国共産党の支配下にきちんと入れ直す作業だった。

　このとき旧来の「7軍区」から「5戦区」に大改造された。中国陸軍の地位は激しく下落し5戦区合わせて、空軍や海軍と同列になった。習近平は、さらに軍の中枢だった「四総部」を解体して、中央軍事委員会直属の15部門に改編した。つまり軍に関する権限を、

習近平は軍を徹底的に自分の支配下に置いた

2018年1月4日、中部戦区の石家荘《せっかそう》の司令部で、習近平は人民解放軍に、「死ぬことを恐れるな」という演説をした。これからは、北京から300キロのこの石家荘で戦略ロケット部隊、すなわち、中国軍の核ミサイルを一元管理する。米軍のNORAD《ノラド》（北米航空宇宙防衛司令部）に相当する。

自分自身に集めたのだ。旧来の「第2砲兵」を「戦略ロケット軍」にしていたのだが、これをさらに「宇宙軍（スペイス・ミリタリー）」と呼ぶべき軍にし、ここで核ミサイルを集中管理する。軍区がそれまで勝手に持っていた核ミサイルをすべて奪い取ったのだ。

この他にも、「戦略支援部隊」という名になっているが、「サイバー・スペイス・ミリタリー」と呼ばれるべき、電子《でんし》戦争用の軍を作った。これはまさしく「サイバー軍」（電子カク乱戦用の軍隊）で、従来の戦争の次の時代の電子戦争《サイバーウォー》に対応する組織である。

旧来の7軍区のうち、瀋陽軍区と成都軍区と広州軍区の3つの軍区が、習近平体制を脅かしていた。2012年2月の薄熙来《はくきらい》のクーデター計画には、この瀋陽軍区が持つ核ミサイルまでが使われようとしたのである。習近平の、このときのし烈なクーデター（内乱）鎮圧の決意を私は理解できる。瀋陽《しんよう》は、旧満州で一番大きな遼寧省の中心都市だ（かつての日本占領時代の奉天《ほうてん》）。ここは清朝を打ち立てた愛新覚羅（あいしんかくら）一族の出身地である。私はここにも行ったことがある。今も中国東北部（旧満州）の軍隊全部の本部である。

①瀋陽軍区は、2012年2月に失脚した元重慶市党委の薄熙来のクーデターに参加し

ようとした。それと重慶と成都の②成都軍区、それから広東省の③広州軍区の3つを中心にしてクーデターを行い、習近平を倒そうとしたのだ。これが、今回の第19回党大会（19大）の前の18大が開かれるのに先立つ2月に起こされる計画であった。日本人は誰も気づかず、報道もされなかったが大変なことだった。私はこのあと2012年の10月に重慶・成都に行き（党大会のとき）、このことを調べて知った。拙著『それでも中国は巨大な成長を続ける』（2013年3月刊、ビジネス社）で調査報告している。

だから、このあと前述したように2015年の11月に、習近平は軍制度の大改革を始めたのだ。7軍区だったものを5戦区に変えた。中国の陸軍は大きく解体、再編された。広東省の広州軍区は南部戦区に変わった。重慶のある成都軍区は西部戦区に変わった。瀋陽軍区も北部戦区と名前が変わった。これが2016年中に徹底的に行われた。

もう1つ大事なことは、習近平が核兵器の管理権を、7大軍区からすべて取り上げたことだ。核兵器の管理を中部戦区に集中した。①の瀋陽軍区（北部戦区）には朝鮮人と満州人がたくさんいる。だから、なかなか党中央の言うことを聞かなかった。北朝鮮と深くつながっている軍人たちがいて、長い間密輸もやっていた。これを習近平が叩《たた》きのめしたいのだ。

陸軍、海軍、空軍以外に昔から「第2砲兵」という戦略ロケット部隊があった。他に今回新たに海兵隊（マリーン・コー。アメリカの海兵隊。Corpsと書いてコーと読む）に似たものも作った。この海兵隊は、旧日本海軍も持っていた海軍陸戦隊《りくせんたい》である。敵前《てきぜん》上陸用の急襲《アソールト》部隊である。

もう1つ、核戦略軍（宇宙軍《スペイス・ミリタリー》）の上に、サイバー・スペイス・ミリタリーも作った。これはサイバー戦争（電子戦争）用だ。通信回線や電波を使う情報戦争がサイバー戦争だ。相手の通信設備やコンピュータを破壊する。あるいは敵の情報を一気に盗み出すなどの行為も行われる。

たとえば、スノーデン事件（2013年6月）で世間を騒がせたエドワード・スノーデン氏は、サイバー軍人たちがハワイのパールハーバー（真珠湾）の山側にある、大きな地下ごうの中に置かれたNSA《エヌエスエー》（国家安全保障局。CIAと並ぶ軍の情報部）の施設のシステム管理者だった。そこだけで2000人いる、対《たい》中国用サイバー部隊だった。中国のIT企業をハッキングしたり、通信網を破壊する専門の部隊だ。

軍改革と軍人事の行方

中国軍の兵力は、これまで230万人もあった。それを陸軍兵100万人にまで減らす予定である。2015年9月3日の抗日戦争70周年記念日に、習近平は兵士30万人を減らすという「歩兵縮小」（ディスアーマメント）を宣言した。

中国の軍のトップは、「中国共産党中央軍事委員会」である。習近平が主席で軍人2人が副主席となる。18大（2012年）までは11人の委員で構成されていたが、19大からは7人に減った。

「『中央軍事委11人から7人へ一挙に減』若手抜擢でいびつな構成」

（党大会終了の翌日である）10月25日の1中総会で選出された党中央軍事委員会のメンバーは、従来の11人から7人へ一挙に減少した。習近平軍事委主席が関係の深い若手軍幹部を抜擢《ばってき》する強引な人事を進めた。

制服組トップである中央軍事委副主席のポストは、従来の2人のまま許其亮《きょきりょう》氏

中国共産党の新しい中央軍事委員会の顔ぶれ

	名前	ポスト	生年	肩書
1	習近平《シージンピン》	主席（2012〜）	1953年〜	総書記、国家主席
2	許其亮《シューチーリャン》	副主席	1950年〜	空軍上将
3	張又侠《チャンヨウシャー》	副主席	1950年〜	上将（習一族と近い）
4	魏鳳和《ウェイホンホー》	委員	1954年〜	国防部部長（防衛相）上将
5	李作成《リィツォチェン》	委員	1953年〜	連合参謀部参謀長、上将（北朝鮮攻めの最高司令官）
6	苗華《ミャオファ》	委員	1955年〜	政治工作部主任、海軍上将
7	張昇民《チャンシャンミン》	委員	1958年〜	軍紀律検査委員会書記、上将

一番重要なのは李作成だ。かつての実力者、房峰輝は落馬。一方、軍改革を推進した許其亮が、制服組のトップとなった。

2010年に中国軍人トップだった者たち
（楊中美氏の2010年の本から副島隆彦が作成）

胡錦濤《こきんとう》国家主席が2012年までは軍のトップで、習近平がそのあとを継いだ。

陸軍	章沁生《しょうしんせい》 1948年生まれ	総参謀部副参謀長、上将	軍人太子党。次の総参謀長。胡錦濤に忠実。第18回党大会（2012年10月）で中央軍事委員会副主席になる。
	房峰輝《ぼうほうき》 1951年生まれ	北京軍区司令員、上将	胡錦濤に忠実。習近平時代になっても首を切られなければ、軍人の最高のイデオローグを続ける。北京を守備して内乱を抑える人物。ハイテク戦争、サイバー戦争にも備える。
海軍	丁一平《ていいっぺい》 1951年生まれ	海軍第一司令員、中将	軍人太子党。次の海軍のトップ。外洋（太平洋）に出るために、空母2隻（艦隊）を2015年には就航させる責任者。「ブルーウォーター・ネイビー」を目指す。
	孫建国《そんけんこく》 1952年生まれ	総参謀部副総参謀長、中将	潜水艦の専門家。今も米海軍と原潜どうしの海の中での激しいにらみ合いを、ずっと続けている。
空軍	許其亮《きょきりょう》 1950年生まれ	中央軍事委員会委員、空軍司令員、上将	軍人太子党。すでに中国空軍の現場のトップである。台湾海峡でも空中戦では、アメリカの戦闘機編隊（スクアドロン）に10倍の数で襲いかかる予定。
	馬暁天《ばぎょうてん》 1949年生まれ	総参謀部副参謀長、上将	中国軍の対外的な“顔”。国際会議にも頻繁に出席する中国軍のスポークスマンの役割。
第2砲兵	張海陽《ちょうかいよう》 1949年生まれ	第２砲兵政治委員	軍人太子党。「第２砲兵」は中国の戦略ミサイル部隊のこと。ロケット砲や長距離弾道ミサイルも開発し、保有する。薄熙来と義兄弟。
	魏鳳和《ぎほうわ》 1954年生まれ	第２砲兵参謀長、中将	無派閥。1996年3月の台湾近海へのミサイル発射を指揮した。次の第２砲兵司令員。
政治委員	劉亜洲《りゅうあしゅう》 1952年生まれ	国防大学政治委員、中将	軍人太子党であるが、さらにその中の改革派を公言する者たちを代表する人物。元国家主席・李先念の娘婿。中国の民主化を支持する論文を発表した。このことが世界基準で何を意味するかいまだ不明。

2011年1月刊『中国バブル経済はアメリカに勝つ』より

（67）が留任し前装備発展部長の張又侠《ちょうゆうきょう》氏（67）が昇格した。張氏は元軍幹部の父親が習氏の父の習仲勲《しゅうちゅうくん》元副首相と戦友で、息子同士の関係も緊密とされる。

主席と副主席を除く委員のポストは従来の8人から4人に半減した。前任の4人が年齢で引退したほか、房峰輝《ぼうほうき》統合参謀部前参謀長ら2人が更迭された。魏鳳和《ぎほうわ》・前ロケット軍司令官は委員に留任した。新たに委員になったのは李作成《りさくせい》参謀長と苗華《びょうか》政治工作部主任ら3人である。李氏は江沢民、胡錦濤両政権の下で冷遇されていた。習氏に引き上げられた。苗氏は習氏が福建省での勤務時代に関係を深めた。

委員に選出されるのは原則として上将クラスだが、習氏が登用した陸海空軍とロケット軍の各司令官4人はいずれもまだ中将で、委員就任が見送られた形だ。一方、軍の規律検査を担当する党中央規律検査委員会副書記の張昇民《ちょうしょうみん》中将は例外として委員に選ばれた。

（2017年10月26日 産経新聞）

「中国軍前首脳を贈収賄で捜査　胡錦濤派の房峰輝上将、当局公表」

中国国営新華社通信は、1月9日、人民解放軍の房峰輝《ぼうほうき》・前統合参謀部参謀長（66）が贈収賄の疑いで軍の検察機関に身柄を送致されたと報じた。軍首脳の汚職をめぐっては昨年（2017年）11月、重大な規律違反の疑いで調査を受けていた張《ちょう》陽《よう》・前中央軍事委員会政治工作部主任が自殺している。党関係者は両氏が昨年8月下旬に拘束されたと明らかにしていた。

前期メンバー11人のうち少なくとも上将2人が汚職で調査を受けていたことが確定した。両氏は胡錦濤前国家主席に近く、中央軍事委主席の習近平国家主席による軍首脳の粛清は軍内の権力掌握を進める狙い。

房氏は胡指導部時代の2009年10月に、北京で開かれた建国60周年軍事パレードで、北京軍区司令官として閲兵総指揮を担当した。昨年8月に参謀長の後任人事が発表されて以降、公の場から姿を消していた。

房氏の具体的容疑は不明だが、胡指導部の軍制服組トップを務めながら汚職で失脚した徐才厚《じょさいこう》、郭伯雄《かくはくゆう》元中央軍事委副主席2人の事件への関与が追及されているもようだ。職位を買収しようとしたとの情報もある。

（2018年1月9日　産経新聞）

房峰輝は2017年8月に拘束され、2018年1月、贈収賄の疑いで身柄を送致された。彼は胡錦濤主席に最も信頼されていたが、結局失脚した。その代わりに李作成《りさくせい》という、1953年生まれで習近平と同じ64歳の陸軍司令官を歴任した人間が、連合参謀部参謀長に抜てきされた。この連合参謀部参謀長は、アメリカでいえば統合参謀本部議長（Joint《ジョイント》 Chiefs《チーフ》 of《オブ》 Staff《スタッフ》）である。大統領（最高司令官）に直属する。作戦部長の上の地位で、実際に軍隊を動かす責任者である。

この他、中国の陸軍司令員（陸軍司令官）の韓衛国《ハンウェイグオ》や空軍司令員（空軍司令官）の丁来杭《ティンライハン》たちも福建省系だ。習近平が17年間、福建省にいたときに築いた人脈から出てきた人々だ。つまり、福建省人脈が習近平の軍体制の軸を作っている。

以下に引用する文は、陳破空《ちんはくう》という中国の反体制活動家（54歳、ニューヨーク在住）の『カネとスパイとジャッキー・チェン』（2018年刊、ビジネス社）の中からである。陳破空は頭のいい人だ。私は彼の、何ものにも屈さない、かつ明るい性格が気に入った。中国の反《はん》共産党の活動家としては序列11位ぐらいの人物だ。彼の中国の権力者たちへの批判的分析には嘘《うそ》がない。この本で軍人トップたちの盛衰も報告している。

習近平は、この「酒を交わして兵権を除く」を実行したのだ。

第三のステップが19大の直前だ。太子党は、ほぼすべて党大会代表に落選した。毛沢東の孫の毛新宇《もうしんう》、朱徳の孫・朱和平《しゅわへい》、胡耀邦《こようほう》の息子・胡徳平《ことくへい》、さらに劉源《りゅうげん》、劉《りゅう》暁江《ぎょうこう》、劉亜洲《りゅうあしゅう》、呉勝利《ごしょうり》、馬暁天《ばぎょうてん》、張海陽《ちょうかいよう》といった顔ぶれだ。

このように、陳破空は、私が2011年に作成した中国の軍人たちの顔ぶれの変化をはっきりと書いてくれている。

この文の中の「胡耀邦の息子・胡徳平《ことくへい》」が「落選」したことに私は驚いた。この胡徳平こそは、共産党内の民主派の頭目《とうもく》であり、「何としても中国を民主化する」という父親譲りの共青団系の結集軸である。胡徳平は、「政治協商会議」（日本の経団連《けいだんれん》のような大企業経営者の集まり）の幹部として日本にもよく来ていた。胡徳平は清廉《せいれん》分子であるから捕まることはない。

馬暁天《ばぎょうてん》は、私が作成した2011年の表（P103）にもある通り、中国空軍を率いて国際会議によく出ていた。中国の対外的な軍のスポークスマンの役割を果たしていた。孫建国《そんけんこく》（海軍大将・潜水艦の責任者）も国際会議によく出てきた。孫建国が、米太平洋軍（USPACOM。本部ハワイ）のハリー・ハリス司令官（大将）と、やり合っていた。

孫建国が「そろそろアメリカ軍も世界中の海をパトロール（遊弋《ゆうよく》、管理）するのも疲れたでしょう。西太平洋（ウエストパック）は中国が肩がわりしますから、少しはゆっくりして下さい」と言ったら、ハリー・ハリス司令官は「冗談はやめてくれ。米軍は今後も太平洋の海域すべてを守る」と互いにケンカ腰になったことがある。

私がずっと注目していたのは、劉亜洲《りゅうあしゅう》（国防大学政治委員。中将）と張海陽《ちょうかいよう》（第2砲兵）である。この2人が今回目出度《めでた》く失脚した。

張海陽は、私の表にあるとおり、「軍人太子党」であり、何と「薄熙来と義兄弟」とはっきりと私は調べて書いていた。だから薄熙来のクーデターに加担していたに決まっているのだ。この者たちを習近平は、「獅子身中《しししんちゅう》の虫」として、ようやくやっとのことで退治《たいじ》できたのだ。

劉亜洲という男は、軍人太子党のくせに「軍も民主化を支持する」というおかしな論文を1990年代から盛んに発表していた理論家で、香港の言論雑誌では、この劉を大きく持ち上げて「習近平と互角に闘ってる軍人大物」のように扱っていた。

この劉亜洲が逮捕拘束された、という情報が2017年末に広まった。この男の奥さんが李先念《りせんねん》国家主席（1980年代）の娘であり、この女も逮捕された。劉亜洲は義父の李先念の勢力を代表していた保守派であり、習近平と対立関係にあった。今回、劉亜洲が失脚したことでようやくこの男も２０１２年2月の薄熙来クーデターと連動していたのだと分かった。

劉が、なぜ「軍は中国民衆の民主化改革を支持する」というような奇妙な論文をあの頃盛んに書いていたのか。これでよく分かった。薄熙来と並んで、本当に浮ついたピエロ（道化師）のようなやつだったのだ。

勝てる軍隊作りとミサイル戦略

前述したとおり、李作成たちは、40年前の１９７９年の中越戦争で、実際に指揮官クラスで最前線に出て実戦を経験している。この「実戦で勝てる軍隊」という言葉を、習近平が使うようになった。明らかに北朝鮮への侵攻・進撃を想定した陣営だ。そういう実戦経験者をトップに置いたのだ。

これは、アメリカのトランプ大統領が「マイ・ジェネラルズ！（私の将軍たちよ）」という言葉で呼んでいることと同じだ。まず国防長官は、海兵隊大将あがりの〝マッドドッグ（狂犬）〟と呼ばれたジェイムズ・マティスを任命した。もう1人は海兵隊中将あがりのジョン・F・ケリーを、自分のすぐそばに首席補佐官《チーフ・オブ・スタッフ》として置いている。

軍人たちをトップに置いているということは、「お前たちは実際に大砲やミサイルの撃ち方を知っているんだろう」と、北朝鮮処理を彼らに行わせるということだ。それと対応した人事を、中国軍のトップたちに対して習近平も行ったのである。

サード（THAAD）という、地対空の迎撃用誘導《ガイデット》ミサイルを、アメリカは韓国に配備した。実は日本にも内密にすでに3カ所に、サードミサイルが配備されている。東北と北陸と中国地方の山中である。ロシアの軍事地図にははっきりと描かれている。このサードという迎撃ミサイルは、弾頭を取り換えることでそのまま戦術核《せんじゅつかく》にすることができる。

このことにロシアのプーチンと習近平が怒っている。なぜなら、これにより、1972年から始まったSALT《ソルト》（Strategic Arms Limitation Talks）という米ソ（ロ）の戦略兵器制限交渉の最初の振り出しに戻ってしまうからだ。中国も一応これに入っている。せっかくロシアとアメリカで冷戦構造下で、苦労してお互いの核兵器を減らし、核廃棄の方向へ向かった。ロシアとアメリカは、各々約1万発ずつ作って持っていた核弾頭（ニュー

北朝鮮の金正恩を片づけたあとどうなるか

推定最大飛行距離に基づき作成

北朝鮮核ミサイル問題はこの秋までで終わる。その後の米、中の動きが大事なのだ。

クレア・ウォーヘッド）を、5000発ずつにまで減らしたのだ。それなのに、「もう一回、歴史を逆転させる気か」ということだ。

アメリカのトランプ政権は、軍需産業大手のボーイングとロッキード・マーチンとレイセオンなどが持っている巨大な兵器生産能力を、この先、縮減しなければならない。アメリカは今以上の国防費（2018年は7160億ドル。75兆円）の支出に耐えられない。この大きな課題がある。トランプはこのことをよく分かっている。軍備拡張競争を、ロシア、中国と再び始めることになるとアメリカは、ものすごく自分で自分の重荷に耐えかねない状態になってしまう。

それでも、いくらドナルド・トランプでも軍需（国防）産業《ミリタリー・インダストリー》は敵に回せない。北朝鮮処分ではアメリカは小型の戦術核（タクティカル・ニュークレア・ウエポン）であっても核兵器は絶対に使えない。あとあと世界中からどれぐらい批難されるか、よく分かっている。だから軍縮（ディスアーマメント）の流れをトランプ、習近平、プーチンの3巨頭は、どうしても推進しなければいけない。

中国は、以前から実はたったの600基ぐらいしか核ミサイルを持っていない。米、ロの5000発に比べると一ケタ少ない。

これは中国の決断がすぐれていたことを示している。最小限度の核兵器の量でいい、という考え方を中国は最初からしていた。その分だけ、経済成長に資金を回して、必死になって国民の生活水準を上げる方向に力を注いだのである。

第3章

今の巨大な中国は日本人学者が作った

中国を冷静に見られない日本の悲劇

この6～7年間（2012年から）、とにかく中国の悪口を書く言論人が多かった。かまびすしいといっていいほどの大騒ぎだった。それは石原慎太郎が都知事のとき、突如「尖閣諸島を東京都が買い取る」と発表したときからの動きだった（2012年4月16日）。石原知事はワシントンのヘリテイジ財団でこのことを発表した。いかにもアメリカのジャパン・ハンドラーズ（日本あやつり対策班《はん》）がしつらえたとおりの動きだった。

この「反《はん》中国言論」は、同年12月から始まった安倍晋三政権によって、増幅《ぞうふく》され強力に推進された。中国（習近平政権）が、安倍晋三をどれほど嫌ったかは、この6年間、私たち日本人がテレビでのニュース報道で見てきたとおりだ。それでも、お互い、イヤそうな顔をしながらも、それぞれの国の代表だから握手はしていた。

安倍晋三を支える言論人や新聞記者たちは、とにかく中国と韓国、そして北朝鮮を嫌悪《けんお》して嫌がった。「中国はもうすぐ全土で暴動が起きて共産主義体制が崩壊する」と書き続けた。それらの本は今も売られている。そこには、「群体性《ぐんたいせい》事件と呼ばれる小さな民衆暴

中国にバカな喧嘩を売って、結局は自分が恥をかいた男。どれだけ日本の国益を損じたことか。

2016年9月5日、上海の南の古都杭州（ハンジョウ、こうしゅう）で開かれたG20に合わせて日中首脳会談が行われたときの写真。

動が毎年20万件も起きている」と盛んに書かれていた。

それで、それらの暴動はどうなったのか。実際には大規模な騒乱《そうらん》は起きなかった。閉鎖される鉄鉱山や炭鉱で、解雇され失業した労働者たちが騒ぐ、ということは、たくさんあったようだ。それでも全体としては中国はどんどん豊かになった。

中国民衆もそれに応じて貧困からどんどん脱出している。中国は崩壊などしない。それどころかますます繁栄してゆくと、私、副島隆彦は冷静にこの20年書き続けた。この自説をまとめて初めて発表したのが、『中国赤い資本主義は平和な帝国を目指す』（２００７年刊、ビジネス社）である。私はこの年から毎年、彼ら、中国崩壊論の愚か者たちと対決するように大きく反対のことを書き続けた。

中国の国家体制は、このあともっともっと強大になって、経済的にも繁栄して、中国人がどんどん豊かになっていく。あと20年間は、成長は止まらないだろう。この異様な大成長が私たちの目の前で、この30年間起きたのだ。

この事実をとにかく嫌がって、憎んで嫌って、ねたんで、中国の悪口を言って見下《みくだ》し腐《くさ》すことを、日本国民の一部がやってきた。その総数は５００万人くらいだ。彼らが、まさしく安倍政権を支えてきた中心的な勢力だ。

ここで念のため書いておくが、私、副島隆彦は、中国の共産主義体制を支持してきたわけではない。かつ、中国から1元《げん》もお金をもらったこともない。だから中国の肩を過度に持つ気もない。私は中国がどうなっていくのか、という冷酷な未来予測をしてきたのだ。この未来予測は知識人としての務めである。政治的な党派性や好き嫌い、ではない。

私は近《きん》未来の予言をする人間である。この予言型言論人として、世の中が3年後、5年後、10年後にどうなってゆくか。これから、その国はどうなるのかを予測することを自分の仕事にしている。その際、自分勝手な主観や思い込みや好き嫌いなどを捨て去る。「これからこうなる。こういうことが起きる。そして、その次はこうなる」と冷酷に書き続けてきた。私はこのことで生来、ずば抜けた知能を持つ人間だ。

そして、こういう態度のとり方、生き方こそが、知識人、言論人のあるべき姿であると強固に思っている。この意味では、私のこの20年の中国予測は、はっきりと的中した。ゆえに私の勝利だ。

「副島隆彦は中国の手先だ」

「親中派で反日《はんにち》分子で、日本を嫌っている人間だ」

などという悪口をずっと書かれた。私のなかでは、そういう低劣な〝知恵おくれ〟たちからの批判などは、どうでもいいことだ。そういう愚かな人々をじっと睨《にら》みつけながら、中国はもっともっと繁栄すると書いてきた。私の著作はこの本の巻末に紹介されている。

実は、私の予測をはるかに超えて中国は巨大な国になった。次ページの表のとおり、中国はこの20年間で100倍の個人年収、すなわち国力の国になったのだ。「まさかそんな」と言える者はもういないだろう。私たちの周《まわ》りの中国人旅行者たちを見れば、このことが分かる。もうすぐ、貧乏たれた私たち日本人よりも、彼らのほうが立派な服装になるだろう。

日本の反共右翼や強硬保守派の人たちは、今もなお日本がずっと上だと思い込んでいるところが見てみろ。この日本のあわれな現実を。この25年間（1993年から）全く、経済成長がないのだ。一体、何が起きていたのか、この国に。

バカ野郎の汚れた政治指導者たちが、アメリカの言いなりになったまま、日本国の衰退（decline デクライン）が続いた。何が「マイナス成長」だ。そんな成長があるのか。今や日本は「衰退国家」で国民は貧乏だ。今の日本は、真実はポーランドやウクライナと程度

ウソみたいだが、この40年間で中国人の年収は1万倍（20年間で100倍）になったのだ

年	今から	都市の庶民の平均年収	成長倍数
2018	**今年** 私は中国に調査に行っている	200万円 （12万元）	1万倍
2008	**10年前** 私は目撃している	20万円 （12,000万元）	10倍 1000倍
1998	**20年前** 私は目撃している	2万円 （1,200万元）	10倍
1988	（1991年ソビエト崩壊） **30年前**	2000円 （測定不可能）	10倍 100倍
1978	**40年前** 改革開放始まる	200円 （測定不可能）	10倍

の同じ国なのだ。そうした認識すらない。

日本はコリダー・ネイションである

これがどういうことか説明する。「回廊《かいろう》国家（コリダー・ネイション）」という考え（知識）である。回廊（廊下《ろうか》）国家とは、大国と大国の間に挟まれて、両方から脅され、踏み荒らされる小国ということだ。ポーランドがまさしくそうだった。ロシア帝国とドイツ帝国に挟まれて、両方から侵略されてひどい目に遭って、国が消滅したこともある。

実は朝鮮半島も、コリダー・ネイションである。大国に囲まれて踏み荒らされた。そのとき国民に主体性がなくなる。それが知恵の無さとなって表れて、「どちらか一方の大国にしがみつく」という考え方をする。

日本の強硬保守や反共右翼も、とにかくアメリカにしっかりついていく（これが「日米同盟の堅持」だ）という一本やりで動いている。それが彼らの知恵の足りなさである。彼らは「アメリカ軍は帰れ。私たちは自分の国を自分で守る」という、大事な一行《いちぎょう》が言えない、言わない人たちだ。

どうしてこういうのを、愛国者とか民族主義者と呼べるのか。アメリカに脳をやられているのだ。

教えておくが、世界基準での反《はん》共産主義者の結集軸を、「WACL《ワックル》」と言う。このワックルはワールド・アンタイ・コミュニスト・リーグの略語である。この「世界反共《はんきょう》同盟」の組織の人々は、ロシアや中国に対する激しい反感と憎しみと恐怖感を持っている。その中心はNATO《ネイトー》（北大西洋条約機構）に居座っているヨーロッパ各国の将軍たちである。

彼らは、今すぐにでもロシアと戦争を始めたい、と思っている人々だ。その代表は、NATOの現在の事務総長《マネイジング・ダイレクター》のイエンス・ストルテンベルグ（元ノルウェー首相）である。前任者はアナス・フォー・ラスムセン（元デンマーク首相）だった。彼らの反《はん》ロシア信念はものすごいのだ。

それと同じものが日本のオヤジたちにもあって、「ロスケ（ロシア人のこと）、チャンコロ、チョーセンジン」に対する激しい憎しみと軽蔑感情を持っている。そして呪いの言葉（呪詛《じゅそ》）を毎日、唱えている。ここから急に私はヘンなことを書くが、この事実を、はっきりと書くことで、私は彼らと和解したい。

みなさんの気持ちは分かる。でもね、と……。

これが日本国の悲劇だ。国内に対立を生むだけなのだ。コリダー・ネイションであることから脱出しようとする高い知性が必要なのだ。それが日本国民の団結を生むのだ。朝鮮半島だけでなく、日本自身がこの運命を引き受けている。朝鮮半島と台湾と日本は非常によく似ていると、世界から見たら、そう丸見えなのだ。日本は今や大国ではなく、その程度の国にしか見られていない。このことの自覚がない。

日本国の〝真の敗北〟とは何なのか

日本人から大国意識が消えてなくなった。経済大国（エコノミック・スーパーパウア）という言葉も消えて久しい。「マイナス成長」という「成長」を25年も続けた結果、どんなに悲惨なことになっているのか、国民にその自覚が全くない。指導者たちをアメリカに、からめ取られてしまっているからだ。

ちょっとしたインテリは「ヨーロッパも成長していない。これは先進国の運命だ」と居直っている。確かにそうなのだ。が、それでも優れた指導者を上に立てる力がない。若者たちに活気と夢と職を与えることができない。このことが、日本の〝真の敗北〟である。

腹の底からの燃えるような反《はん》共産主義の信念を唱えることで、自分は正しい、絶対的に正しいのだ、と確信する。この小金持ち層や自営業者たちの感覚が、この国を惨めにし、衰頽させている。アメリカにしたら、「ほらみろ。日本はどうせアメリカに頼らなければ生きていけないのだ」ということになる。

『属国・日本論』（1997年刊、五月書房）の生みの親である私は、日本が中国の属国《ぞっこく》（トリビュータリー・ステイト。従属国）になっていいと言ったことは一度もない。「中国の手先、副島」とあちこちで言われてきたが、中国人の友達ひとりいない。中国から1元ももらったことがない。

ところが、では中国がもっと巨大（世界覇権国《ヘジエモニック・ステイト》）になったとき、日本はどうなるのか。私たちが習って知っている福岡県志賀島《しかのしま》で発見された「漢委奴国王《かんのわのなのこくおう》」の金印（紀元後57年のもの。1世紀）の事実からしても、日本は2000年来、中国の属国（朝貢国《ちょうこうこく》）だったのだ。そして、それに戻ってゆくのだ、という歴史の必然の考え方が厳然としてある。私も、これを無視はできない。

中国はさらに強大になる。それに対して、日本は中国に対しても独立国（＝主権国家

Sovereignty state《ソブリーンティ・ステイト》）であると強く主張し続けなくてはいけない。

私は、自分が日本国の民間人国家戦略家である自負をもって、このことを言い続ける。

中国は、この先もまだまだ大きくなっていく。この事実はもはや誰もが認めざるを得ない。私はこの10年、毎年、中国に行き各地を調査して中国本を書いて出してきた。だからこの実績からして自《おの》ずと見えてくるものがある。

現実を冷静に見るということ

富坂聰《とみさかさとし》氏という中国研究のジャーナリストがいる。彼は1964年生（54歳）でこの20年間、現代中国について本をたくさん書いてきた。

富坂聰氏は、『中国がいつまでたっても崩壊しない7つの理由』（2017年刊、ビジネス社）という本を出した。彼はこの本で、ついに「中国は崩壊しない」と書いてしまって、これまでの自分の考えを大きく変えた。富坂氏は自身の思考を大きく転向《てんこう》させたこの本で、次のように書いている。

私にはひとつ反省がある。それは、習近平がこれほど強烈な政策実行力を発揮するリーダーだと（私は）予測できなかったことだ。習近平総書記誕生の「前」と「後」で、これほど大きく中国社会が変わったのだから、（専門家である私は）その兆しを少しでも早く感じ取り、日本に伝える責任があっただろう。

なかでも、後に習近平政治を代表するキーワードにもなる「反腐敗キャンペーン」を（私は）きちんと位置づけられなかったことは、慚愧《ざんき》に堪えない。

2012年11月の下旬、私は北京を訪れ習近平書記誕生後の中国がどうなるかについて、さまざまな人に会って意見交換を行った。

（前掲書P166、カッコ内の加筆は引用者）

富坂氏は、中国を批判する言論を今も展開している。しかし、大きなところでは彼は習近平による改革路線を支持している。

富坂聰は同じ本のあとのほうで、次のように、きわめて正確に習近平の登場当時をとらえている。北京で情報を収集している国家情報部員としての富坂氏の息づかいまで聞こえるようである。

私はポスト胡錦濤として台頭した習近平（2012年から）について、第3章でも述べたように、浙江省時代には、1年のうち200日余りをオフィスの外に出て直接大衆の声に耳を傾け、（習近平は）同時に多くの問題をその場で解決したというアグレッシブな政治手法を紹介していたのだが、国家副《ふく》主席時代（2007年から）の習の存在感のなさは、自分の記述を疑いたくなったほどであった。

だが、いまにして思えば、習近平は〝うつけ〟を演じていたのだ。そしてその裏で党内の根回《ねまわ》しを行い、自らの政策を実行する際に、最短で最大限の効果をもたらす準備を進めていたのである。

自分が（これは富坂氏自身のこと）すっかり騙されたから言うわけではないが驚くべき、政治センスと嗅覚と言わざるを得ない。

まとめれば、ひとつは習近平の政治家としての（優れた）能力であり、もうひとつは共産党という組織が本気で存亡の危機を感じていたというふたつの要素が、現政権の進める政策――なかでも聖域なき反腐敗キャンペーンはその象徴である――を後押ししたと考えられるのである。

（前掲書P170、カッコ内の加筆と傍点は引用者）

富坂氏は、自分が所属する、大きくは公安警察（警備局）のなかの外事《がいじ》警察官として、日本政府にとって、一番重要な高高度の中国情報の収集者としての勤《つと》めを果たしている。

ここでは富坂氏が、「（中国）共産党組織が本気で存亡の危機を感じていた」と、2012年10月の〝18大《だい》〟の党大会を調査しているときのことを、切迫した様子で書いている。

実は、この年の2月に、「中国共産党の存亡の危機」が本当にあったのだ。それが、私がずっと説明してきた薄熙来《はくきらい》による大規模な「クーデター計画」であった。7大軍区のうちの成都軍区（四川省）、広州軍区（広東省）、瀋陽軍区（旧満州）の大軍勢を決起させて、北京の体制を転覆させようとした。この薄熙来によるクーデターは、胡錦濤と習近平によって鎮圧された。

私は2012年10月に成都、重慶に行って現地を調査している。現地で「薄熙来派の高級軍人3000人が捕まった」という話を聞いた。このことは、拙著『それでも中国は巨大な成長を続ける』（2013年刊、ビジネス社）に詳しく書いた。

国家が仕込んだ民間スパイ

このようにして情報収集官の富坂氏を先頭にして、日本の公安警察（政治警察）自身が大きく態度を変えた。いつまでも中国敵視《てきし》政策をやるわけにはいかなくなった。その先端、切っ先のところに、中国研究の国家情報部員（インテリジェンス・オフィサー）として育てられた、最高人材である富坂聡氏がいるのである。このあと2015年から富坂氏らの報告を受け入れて、日本政府が対中国政策を、外務省を含めて変更したということだ。

この他に竹内明《めい》氏という人物にも触れなければならない。どう考えても、彼は慶応大学を卒業後、TBSの社員になったときから公安警察官（外事2課）でもあったろう。だから彼は恐れ入ったことに『ソトニ　警視庁公安部外事二課』という小説まで書いている。麻生幾《あそういく》氏も『外事警察』（小説2009年、映画2012年）を作っている。

自分たちがそこに所属していると言わんばかりで、事実そう言っている。まことに露骨である。国家というのは、こういうことまでやるものだ。聞かれたら本人たちも否定しな

薄熙来(1949~)の2012年のクーデターは失敗に終わった

2013年10月25日。薄熙来の無期懲役が確定した。中国では要人（有力な政治家）だった者の裁判の様子は、いかにも見せしめ、さらし者という感じでテレビで放映する。日本も同じと言えば同じだが、ちょっと違和感がある。

いだろう。だから、どうせ私に抗議も来ない。

竹内明氏は、不思議なことに北朝鮮からの脱北者とたくさん会ってまわったり、中国や韓国の情報機関の人と接触して話している。そういう場面を動画でも公開している。こういうことは、資金力がない普通の評論家、物書きにはできないことである。

前述した富坂氏も、何十回も中国に行って、ルポルタージュ（本当は政府への報告書）を書いている。普通の民間人ではないということを、もうそろそろはっきりさせたほうがいいと私は思う。出版業界は、こういうことになると知らばっくれてしらっとしているが、もう隠すことでもないだろう。現職の公務員なら公務員だとハッキリ言うべきだ。「いや違います。もう辞めました。だから民間人です。今は一個人《いち》です」というのなら、それも言えばいい。

中国崩壊論を言った評論家は不明を恥じよ

中国は、このあともまだまだ成長していく。あと20年ぐらいは今の成長が止《と》まらないだろう。勢いがついた国の成長は加速度《かそくど》もつくから止まらなくなる。日本人がしかめっ面を

中国の経済成長率

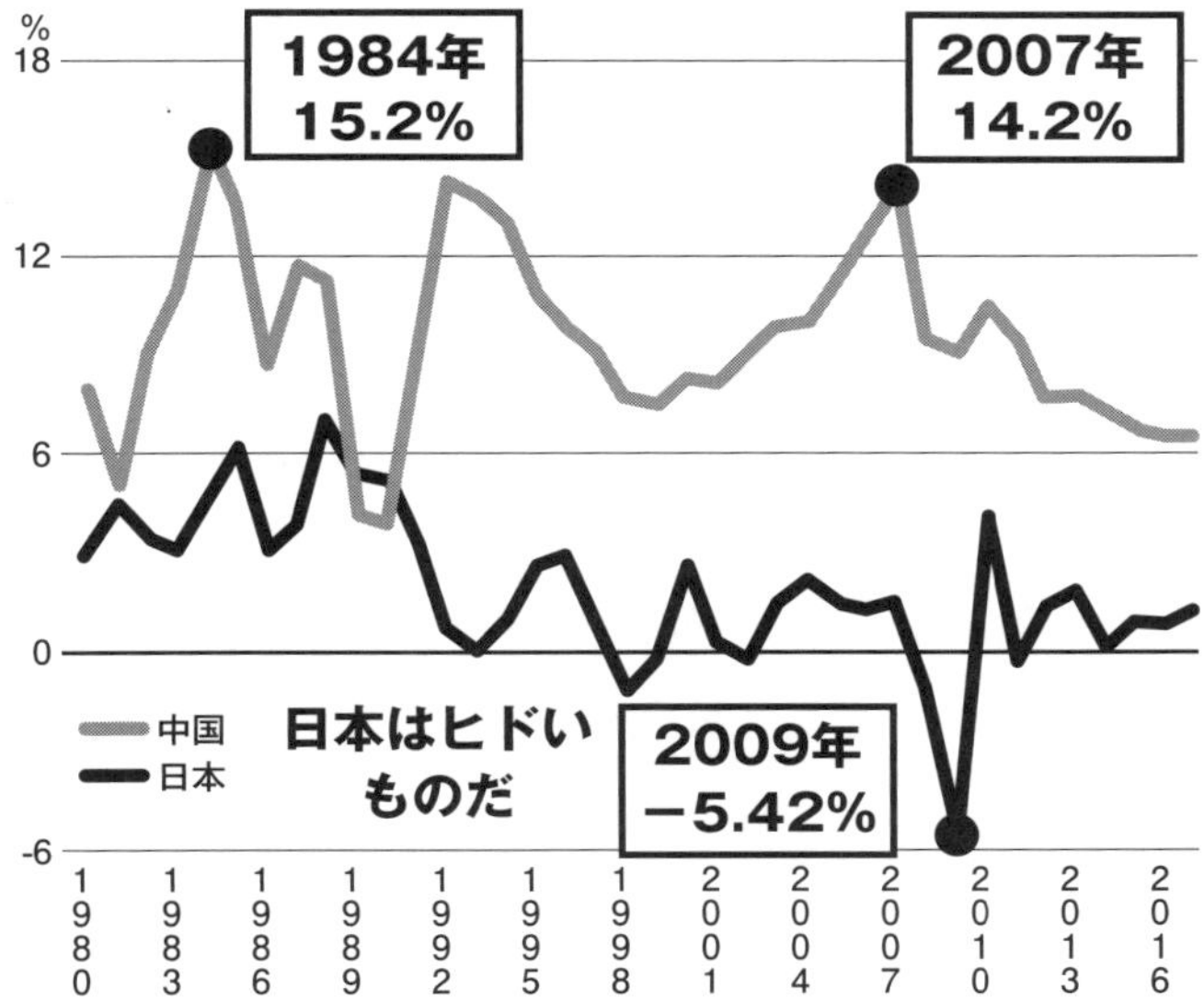

年	1980	1981	1982	1983	1984	1985	1986	1987	1988	1989
中国	7.91	5.10	9.00	10.80	15.20	13.50	8.90	11.70	11.30	4.20
日本	3.18	4.47	3.57	3.05	4.53	6.17	3.18	4.03	7.09	5.42
年	1990	1991	1992	1993	1994	1995	1996	1997	1998	1999
中国	3.90	9.20	14.30	13.90	13.10	11.00	9.90	9.20	7.80	7.60
日本	5.26	3.44	0.87	0.20	1.04	2.74	3.10	1.08	-1.13	-0.25
年	2000	2001	2002	2003	2004	2005	2006	2007	2008	2009
中国	8.40	8.30	9.10	10.00	10.10	11.30	12.70	14.20	9.60	9.20
日本	2.78	0.41	0.12	1.53	2.21	1.66	1.42	1.65	-1.09	-5.42
年	2010	2011	2012	2013	2014	2015	2016	2017		
中国	10.61	9.50	7.90	7.80	7.30	6.90	6.70	6.77		
日本	4.19	-0.12	1.50	2.00	0.34	1.11	1.03	1.51		

単位：%

数値は IMF による 2017 年 10 月時点の推計

しても、しょうもない。ところが、この10年、中国崩壊論をずっと書いてきた反共保守の評論家と学者が30人ぐらいはいる。

私は、この10年間に自分が書いて出した中国研究の本10冊を、自分の誇りに思う。私は、「中国は崩壊するどころか、逆にますます繁栄する。日本人がどんなに嫌《いや》がっても」と書いてきた。中国は年率10パーセント以上の成長を30年間ずっと続けた。P133にその証拠となる中国の成長率（前年度比）のグラフを載せた。これはIMFの統計値であるから、いい加減なものではない。激しい成長がずっと続いた中国のこの30年間を私たちは、今からでもいいから直視すべきである。

この成長率のグラフで一目瞭然である。中国の各地で暴動が起きて中国共産党体制が叩き潰される、と書き続けてきた人たちは己れの不明を恥じるべきだ。

たとえば石平《せきへい》氏はどうか。私は石平氏とも対談本を3冊出している。彼は四川省の成都出身で、北京大学出のエリートだ。私は彼に教えを乞うて、中国の本当のことを歴史上の大《だい》知識人たちのことを含めて、あれこれ聞いて学んだ。

たとえば、「マンダリーン」という言葉がある。これは現在では北京官話《ぺきんかんわ》（普通語。プートンファ)のことだと日本人は思っている。実際は、ヨーロッパの政治学者たちが、「官僚制」の意味で使う言葉である。これは1800年代のドイツの中国研究者たちが、重要視したコトバだ。

このコトバの元々の意味を石平氏に尋ねたら、あっけらかんと言った。これは「マン・タイ・ジン」＝「満大人《まんたいじん》」すなわち、満州族の貴族という意味なのだ。タイジンとは大人物という意味ではなく、貴族や皇帝の周りにいる官廷高官たちのことだ。これが清《しん》朝官僚という意味なのだ。私は、「なるほど」と分かって石平氏に感謝した。

この他に、「ホンタイジ」というコトバの意味を知った。満州族である清朝の皇室の始まりは瀋陽（日本の占領時代は奉天《ほうてん》）にいたヌルハチとホンタイジである。このホンタイジというのは「皇太子《ホンタイジ》」という意味なのだそうだ。ああ、びっくりした。

孫文たちが、満州人の支配を嫌って1911年、「辛亥革命《しんがい》」で大清帝国を打倒した。そして漢民族による国家を再興したことになっている。ところが中国の民衆は、300年続いた清朝の皇帝たちを尊敬している。清朝の華やかな宮廷の人々の歴史話が好きである。

現在の北京官話（普通語・プートンファ）で放送する中央電視台CCTVで、きれいな中国語を話す女性アナウンサーたちは、実はハルビン（哈爾濱）の出身者が多いのだそうだ。ハルビンにいた満州貴族たちが話していた言葉が、今の正式の中国語なのである。そしてそれが今、世界中に広がりつつあるのだ。習近平夫人の彭麗媛《ほうれいえん》は、本当はハルビンの人でロシア人の血が入っているからキレイなのだ、と私はハルビンで聞いた。南のほうの広東省のカントニーズ（広東語）を話している人たちは、消えつつある。

満州人が清朝を作った頃（1650年代）から、日本の知識人層（漢籍《かんせき》教養人。文人墨客《ぶんじんぼっかく》）は新しい漢文が読めなくなったという。中国文の語順が変わってしまったらしい。10世紀の宋《そう》王朝の頃までの漢文なら、日本知識人は読み下しで読めた。当然、書き言葉（リトゥン・ランゲッジ）とともに、スポークン・ランゲージ（話し言葉）も変わってしまった。こういうことを私は石平氏に習った。

「日本は通過点に過ぎない」とハッキリ言い切った人物

さらに石平は断言した。「それでも日本は通過点に過ぎない」と。中国は、日本を経由することで、ヨーロッパ、アメリカの文化芸術や学問、政治体制を学んだのである。康有為《こうゆうい》たちが「変法自強《へんぽうじきょう》」運動のあと、西太后《せいたいごう》の弾圧に遭って「戊戌《ぼじゅつ》政変」（1898年9月）

で東京に亡命して来た。そして康有為が、「日本語に翻訳された大量の西洋の書籍を、そのまま中国知識人は使えばいい。何とか読める。これで中国の近代化をやろう」と言った。

このことが大事なのだ。石平氏は私に、「日本は、中国が欧米の知識や学問を輸入する際の通過点に過ぎない」とハッキリ言い切った。それ以上の役割を日本に認めない、と。それでも、私はこの瞬間に、中国知識層は日本に対して劣等感を今も抱いていることをハッキリと見抜いた。

私は別の機会に石平に向かって、ワーワー喚《わめ》いたことがある。別に彼を批判したわけではない。中国の悪口を言ったわけでもない。ただこう言った。

「石平さんは、日本がどういう立場に置かれているか分かりますか。敗戦後72年ずっとアメリカに屈服して、支配されて、属国をやらされているのです。あなたがつきあっている日本人の右翼の人たちは、愛国者とか言いながら、アメリカから日本が自立、独立しようなどとは絶対に言いません。あなたはどう思いますか」

そうしたら石平は一言、何と

「日本は、アメリカの属国のママ（でいたほう）がいいよ」

と言った。私は唖然として返すコトバがなかった。

中華民族の裏切り者の人の目から見たら、おそらく、たぶんそういうことなのだろう。彼もアメリカ帝国に従っているのだ。なお、石平には二重スパイ説がくすぶっている。今は日本に帰化（ナチュラライゼイション）しているので中国に行っても捕まることはない。東京で北京大学出の人たちと盛んに同窓会をやっている。

あ、そうか。北京大学出《で》は日本の東大出の人たちと同じなんだ。ところが最近、石平は、「僕は、中国崩壊論など言ったことはないヨ。編集部（出版社）が勝手にそういうタイトル（書名）にしたんだよ」と、むちゃくちゃ、とんでもないことを言いやがる。

本当のデモクラシーではないのに他国に民主化を説くいびつさ

たとえば櫻井よしこさんたちは、20年前には、「中国と戦う」と勇ましいことを言っていた。米軍と一緒に日本は戦うべきだと書いていた。1996年3月に台湾総統選挙があって、初めての民主的選挙で台湾人である李登輝《りとうき》が選ばれた（李登輝を育てた蔣経国《しょうけいこく》が偉かったのだ）。この台湾の民主選挙に危機感を抱いて、中国が妨害して、脅しのミサイ

1978年10月24日、訪日した鄧小平が田中角栄の目白《めじろ》の私邸で

中国は“井戸を掘った人”として田中角栄を尊敬している。角栄のあとつぎは、まさしく小沢一郎である。本物の民族指導者とは、このようにあるべきだ。それを舌打ちして毛嫌いする人々は仕方がない。

ルを撃ったときだ。

彼女は台湾系の人で金美齢《きんびれい》さんと一緒である。台湾人を憎んだ蔣介石《しょうかいせき》による弾圧（1947年の悲劇の「2・28事件」。約3万人が殺されたらしい）から逃げてきた人だ。早稲田大学に留学生という形で、日本政府が受け入れた。なぜならCIA（アメリカ国務省）のお墨付きがあったからだ。「大陸反攻《はんこう》」のために、中国の共産党政権を打ち倒すための勢力として、温存された人々だ。

私は、去年、日本の政治の現状（安倍政権のこと）を憂《うれ》えて、中国の知識人たちが議論しているのをテレビで見た。彼らは、

「日本が本当のデモクラシーになってくれないと、私たち中国が困る」

と言っていた。今から中国が民主化すると決めているのに、近代化した先進（さきにすんだ）の国である日本が、もっとしっかりしてくれないと、自分たちのお手本にならない。これが中国人の本音である。

「日本はデモクラシー（欧米先進国並《なみ》の自由主義体制）だと言いながら、実際は、自民党の一党独裁じゃないか。これじゃ、中国と全然変わらない」

「こんな程度で、日本はデモクラシーとか自由主義国を名乗っている。日本が本当のデモ

クラシーをやってくれないと、私たち中国が本当に困る」と中国の頭のいい言論人たちが主張していた。

日本は結局、偽物《にせもの》のデモクラシーのままなのだ。日本のトップはアメリカが選ぶ。それは子会社の社長を本社が決めるのと同じだ。独立国ではない。主権《しゅけん》国家ではない。自分たちで自分たちの運命を決めることができない国なのである。アメリカの言うことを聞く者でなければ、国家指導者になれない。

小沢一郎は、自民党のプリンスだった。彼が、「日本は国家としてある程度、アメリカから自立する」と言い出したとたんに痛めつけられた。「米軍は佐世保と横須賀の海軍だけでいい。あとは自分の国は自分で守る」と小沢は言った。このコトバをとらえて、アメリカは徹底的に小沢勢力を嫌い、日本国民の自立を警戒した。

アメリカに送り込まれた中国人エリートたちのとまどい

本書のまえがきと第1章で、ヘンリー・キッシンジャーこそが、中国の最も優秀な若者たち（ベスト&ブライテスト）を、アメリカのすべての大学に留学させた話を書いた。1980年からだ。40年前のことである。ヘンリー・キッシンジャーと鄧小平が話し込んで、「次の時代の中国を作る人材を育成してくれ」ということで、アメリカにたくさんの学生を送り込んだ。

そのときの留学生であった劉鶴《りゅうかく》（66歳）や王滬寧《おうこねい》（62歳）は、アメリカで何を学んだのか。何を摑み取ったのか。

彼らはアメリカで、経済学と政治学を勉強した。ただ実際は、何を本当にアメリカから学んで帰ったか、が非常に大事である。ここに今の中国の巨大な成長の秘密が隠されているからである。少年時代から秀才で超エリートの、神童と呼ばれた連中だ。10歳ぐらいからマルクス主義を勉強して、中国語版のカール・マルクスの『資本論』を読んで丸暗記している人たちだ。

彼らは社会主義、共産主義思想を叩き込まれたあとで、アメリカに渡って困りはてた。アメリカの現代政治《モダン・ポリティックス》家や理論経済学が全く理解できなかった。アメリカ経済学は、近代《モダン》経済学とも、計量経済学（エコノメトリックス。数理《すうり》経済学でもある）ともいう。彼らがすがりつくような気持ちでそのとき手に取ったのが、英語で書かれていた森嶋通夫という

これが今の巨大な中国を作ったOS《オウエス》（オペレーティング・システム）になった本だ

森嶋通夫（1923〜2004）はノーベル経済学賞に最も近い日本人と言われた。森嶋はヨーロッパの最高の高等学問の場であるLSE《エルエスイー》（ロンドン・スクール・オブ・エコノミクス。在1970〜1989）で教え続けた。あのトマ・ピケティもLSEで、森嶋の影響を受けたはずだ。

日本人の『マルクスの経済学』“Marx's economics《マークシーズ・エコノミクス》, 1973”だった。この本は何と、カール・マルクスの『資本論』“Das Kapital”（ダス・カピタール）を、そのまま丸々アメリカの理論経済学のテキストに置き換えた本だったのである。

マルクス自身は、連立方程式ぐらいしか数学はできなかった人だ。しかしずばぬけた大天才であるから、微分積分学（＝解析学）の根本を理解していた。だから「資本《カピタル》の増殖」という考えで素朴な微分学まで自在に使えた。そのマルクスの『資本論』を、森嶋通夫（1923〜2004　81歳。大阪大学教授。LSE《エルエスイー》ロンドン・スクール・オブ・エコノミック教授）が、ケインズ経済学（マクロ・モデル）に、そのまま変換したのである。それが彼の著書『マルクスの経済学』だ。

今の中国の政治社会のOSは日本が作った

この本を、中国人留学生たちはむさぼり読んだ。当然、全米に散らばっている留学生仲間と連絡を取り合って、このことを教え合った。そして、彼らはアメリカとはどういう国か、ヨーロッパ近代《モダン》500年とは何だったのかを、大きく理解したのである。ケインズが作った国家を経営する手法であるマクロ・モデルを中国人がこのとき手に入れたのだ。
乗数効果《じょうすうこうか》（マルチプライヤー・イフェクト）理論と限界効用《げんかいこうよう》（マージナル・ユーティリティ）学派が使う微分方程式があって、それを森嶋が『資本論』の枠組みに置き換えていた。森嶋はものすごく数学ができる日本人で、ポール・サミュエルソンが驚いた。そして、アメリカ経済学界を代表する、時代の権威であったサミュエルソンと、「マルクスの経済学」を数式に置き換える競争をして激突した本なのである。

サミュエルソンは、「新古典派統合《しんこてんはとうごう》」という学派を作って、古典派とケインズ派を融合させていた。この欧米経済学界の主流に対して、「マルクスの『資本論』をケインズ理論で組み立て直した」森嶋が挑みかかったのだ。欧米白人の経済学者たちは、森嶋の〝マルクスの復活〟を認めなかった。だから日本人森嶋通夫に、ノーベル経済学賞を与えなかった。これは、今に至るまで過恨《かこん》を残している。

ところが、森嶋の予言が「中国の巨大な復活」として、人類の目の前に出現した。
この驚きを欧米白人たちは、ようやく理解しつつある。私たち日本人のほうが同じ東洋人（東アジア人）として、肌合いで先に分かっていた。すなわち、今の中国の大成長を作った設計図、ＯＳ（オペレーティング・システム）となったのが、まさしく森嶋の『マルクスの経済学』だったのである。

　このことをもう少し簡単に言うと、資本主義社会を貫く利潤率、利子率（インタレスト・レート）が、実はマルクスの、資本家による労働者（労働力商品）からの「搾取率」（エクスプロイテイション・レート）と等しいということがわかった。このときに大きな謎が解けた。『マルクスの経済学』を読むことで、中国人が初めて欧米世界を理解できた。

　つい最近まで中国人民銀行（中国の中央銀行《セントラル・バンク》）総裁だった周小川《しゅうしょうせん》や、中国とアメリカの金融政策及び経済交渉で重要な役割を果たした王岐山《おうきざん》は、森嶋通夫の『マルクスの経済学』を読んで、欧米世界を理解した。それが中国のこの30年間の国家戦略になっている。

　森嶋理論をブループリント、あるいはコンピューター学《サイエンス》でいうところのＯＳ（オペレーティング・システム）にすることで、中国人は初めて自分たちの力で高度成長経済を実現できる方策を手に入れたのだ。

森嶋通夫との浅からぬ縁

　森嶋通夫は、私の先生である小室直樹先生の先生であった。小室直樹は１９５４年にフ

森嶋通夫と青木昌彦が中国発展の設計者だ

青木昌彦
（1938～2015）

森嶋通夫
（1923～2004）

この2人から学んだ重要人物の代表

左から今もNO.2の王岐山。前中国銀行総裁の周小《しょうしょう》川《せん》、中南海の知恵袋と称される王《おう》滬《こ》寧《ねい》

ルブライト留学生制度で、ハーバード大学に留学した。小室直樹は、森嶋通夫の推薦で、ポール・サミュエルソンのもとに日本人の最高頭脳として送られた。その前に小室は大阪大学大学院で森嶋から数理物理学の特訓を1年間受けた。このあと氷川丸に乗ってアメリカに行ったのだ。まだ飛行機には乗れなかった時代だ。

ところが、サミュエルソンは小室直樹を育てなかった。サミュエルソンにしてみれば、自分が組み立てた、森嶋が作った式をそのまま使った「故に、マルクスの経済学は間違っている」という結論と森嶋がぶつかっていたからだ。私は今にしてこれらのことが分かる。その後、紆余曲折あって、5年間アメリカにいる間に、小室直樹は社会学者（ソシオロジスト）になって帰ってきた。ハーバード大学のタルコット・パーソンズという社会学者の理論を持って帰ってきた。それで森嶋通夫が怒って、「私は君を経済学者として育てるためにアメリカに送った。それなのに、なぜ社会学者になって帰ってきたのか」といって叱った。

それで小室直樹は、母校の京都大学、あるいは近代経済学の日本の拠点だっ大阪大学を離れて、東京大学大学院に入り、貧乏しながら政治学者になっていった。

丸山眞男と、中根千枝と、大塚久雄と、法学者の川島武宜《たけよし》などの大学院生ゼミに参加し

森嶋の恐ろしい頭脳に私も驚くばかりだ

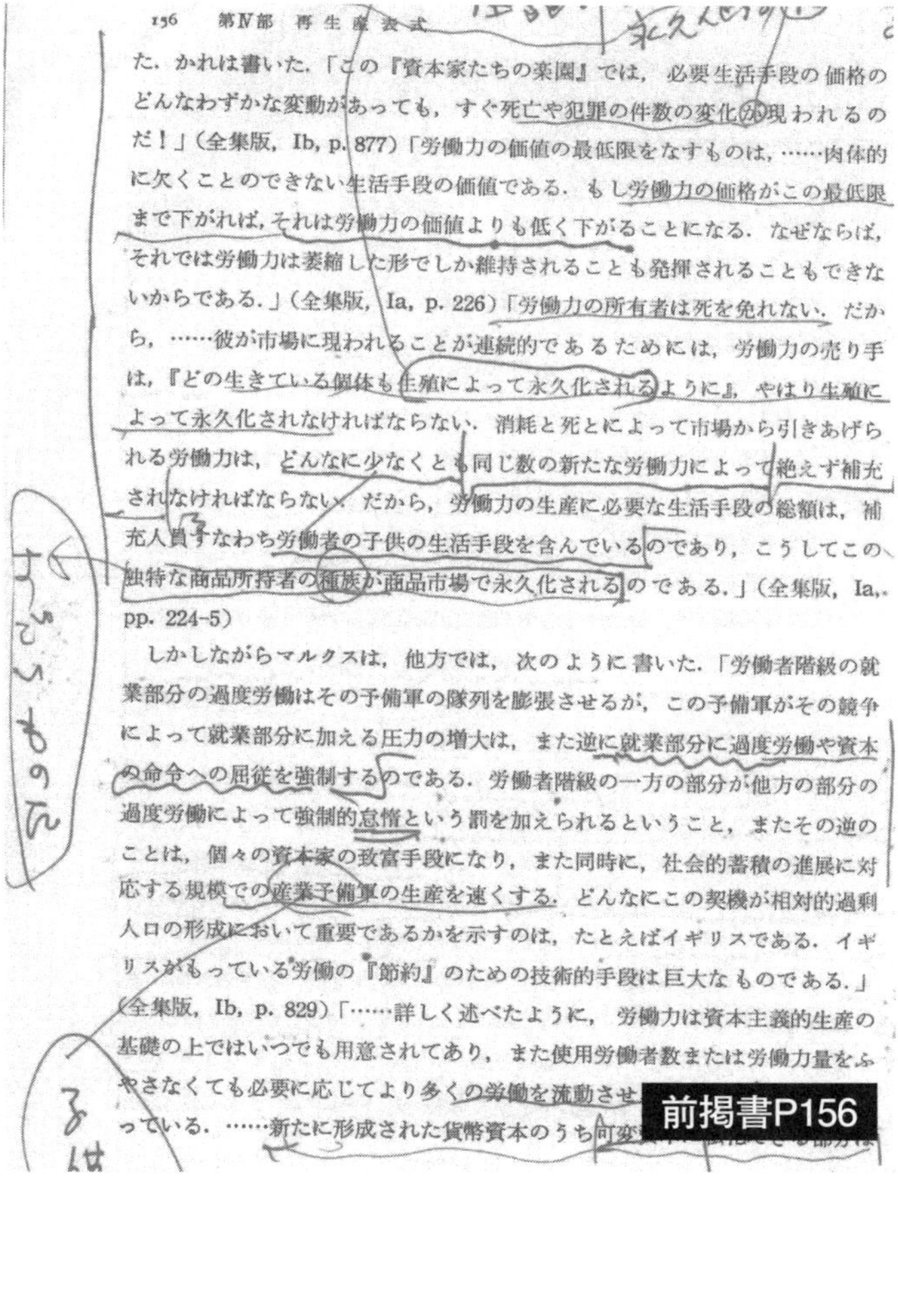

156　　第Ⅳ部　再生産表式

た．かれは書いた．「この『資本家たちの楽園』では，必要生活手段の価格のどんなわずかな変動があっても，すぐ死亡や犯罪の件数の変化が現われるのだ！」（全集版，Ib, p. 877）「労働力の価値の最低限をなすものは，……肉体的に欠くことのできない生活手段の価値である．もし労働力の価格がこの最低限まで下がれば，それは労働力の価値よりも低く下がることになる．なぜならば，それでは労働力は萎縮した形でしか維持されることも発揮されることもできないからである．」（全集版，Ia, p. 226）「労働力の所有者は死を免れない．だから，……彼が市場に現われることが連続的であるためには，労働力の売り手は，『どの生きている個体も生殖によって永久化されるように』，やはり生殖によって永久化されなければならない．消耗と死とによって市場から引きあげられる労働力は，どんなに少なくとも同じ数の新たな労働力によって絶えず補充されなければならない．だから，労働力の生産に必要な生活手段の総額は，補充人員すなわち労働者の子供の生活手段を含んでいるのであり，こうしてこの独特な商品所持者の種族が商品市場で永久化されるのである．」（全集版，Ia, pp. 224-5）

しかしながらマルクスは，他方では，次のように書いた．「労働者階級の就業部分の過度労働はその予備軍の隊列を膨張させるが，この予備軍がその競争によって就業部分に加える圧力の増大は，また逆に就業部分に過度労働や資本の命令への屈従を強制するのである．労働者階級の一方の部分が他方の部分の過度労働によって強制的怠惰という罰を加えられるということ，またその逆のことは，個々の資本家の致富手段になり，また同時に，社会的蓄積の進展に対応する規模での産業予備軍の生産を速くする．どんなにこの契機が相対的過剰人口の形成において重要であるかを示すのは，たとえばイギリスである．イギリスがもっている労働の『節約』のための技術的手段は巨大なものである．」（全集版，Ib, p. 829）「……詳しく述べたように，労働力は資本主義的生産の基礎の上ではいつでも用意されてあり，また使用労働者数または労働力量をふやさなくても必要に応じてより多くの労働を流動させ

っている．……新たに形成された貨幣資本のうち可変

前掲書P156

て、まるで自分が教授になってしまったように、黒板を数式と英語の文でびっしりにしながらずっと書いて教えた。つまり当時一流の東大教授たちに、小室直樹は最先端の世界の諸学問の授業をやっていたのだ。

恐らく相当に嫌がられたと思う。社会学者や政治学者たち、それから経済学者たちにも自分が習得してきたアメリカの最先端の理論を教えた。ところが誰も小室直樹を東大に残そうとは言わなかった。唯一立派だったのが丸山眞男で、「何とかこれでご飯を食べていきなさい」と言って、政治学博士号をあげた。丸山眞男は、日本基準ではずば抜けて優秀だった知識人のトップだ。今も多くの人が丸山を尊敬している。彼が小室直樹に政治学博士号をあげたことだけでも大変な功績だったと思う。

フランス人のトマ・ピケティの『21世紀の資本』（2014年刊、みすず書房）は、素直に『21世紀の資本論』と訳せばよかったのに。著者もそのつもりだろうに、日本人側で何を勝手に勘ちがいしたのか分からない。日本でもよく売れた。優れた本だ。だが日本人には分厚《ぶあつ》すぎて、この本を本気で読んで内容を読み破って簡潔にまとめることのできる学者知識人はいなかった。この本を書いたトマ・ピケティも、ロンドン・スクール・オブ・

エコノミクスで学んだときに、森嶋通夫の理論に触発されたはずなのだ。世界中で一番優秀な社会主義思想を持った、左翼の青年たちに、森嶋は強い影響を与えたのだ。

高等数学で書かれた理論経済学の論文を、森嶋はずっと書いていた。だから当然のこととして森嶋通夫は、ノーベル経済学賞をもらうべき人だった。だが彼にはそれが与えられなかった。しかし今の巨大な中国は、ここから生まれたのである。

中国社会を作ったもう1人の日本人

もう1人、中国人エリートをたくさん育て上げた日本人学者がいる。それが、スタンフォード大学の教授を長く務めた青木昌彦《あおきまさひこ》だ。彼もキッシンジャー・アソシエイツの系統で育てられるべくアメリカに送られた日本人の大秀才である。そして、青木は当然のように、多くの中国人のその後の最高人材を育てる任務を果たした。

青木昌彦（1938～2015　77歳死）もまた、中国の一番優秀な学生たちにスタンフォード大学で、アメリカ経済学＝近代経済学＝エコノメトリックス（計量《けいりょう》経済学）を教えた。青木は時々、中国にも行って前述した森嶋道夫の本と論文も使って、周小川や王岐山たちにも教えたのだ。

このことがすごく重要なことだ。だから、2015年7月に青木昌彦が亡くなったとき、北京の清華大学で大きな慰霊祭があった。「日本人で、私たちが非常に感謝しなければいけないのは、青木昌彦先生だ」と中国の要人たちが集まって追悼した。ところが青木昌彦の死は、日本ではまったく無視された。


青木昌彦は、1960年の安保闘争のときの学生リーダーの1人である。ほとんど同年齢の西部《にしべ》邁《すすむ》、唐牛健太郎《かろうじけんたろう》（彼が全学連委員長）と深いつき合いがあった。「日米安保条約を粉砕せよ」と叫んだ反米闘争の若い指導者たちである。彼らは日本共産党から分裂した。日本共産党は当時、ソビエト共産党の影響下にあった。

青木昌彦たちは、日本におけるいわゆる新《しん》左翼（ニューレフト）の始まりの人たちだ。旧《きゅう》左翼（古い左翼）の代表である日本共産党から分裂した若者たちであった。ソビエトの目からすれば、この反乱分子の若者たちは、国際共産主義運動からの脱落者、裏切り者ということになった。日本の若い優秀な連中が、アメリカによって巧妙にソビエト支援勢力からはぎとられていったとはっきりと映ったのだ。そしてそれが真実であった。後述す

青木昌彦が死んで北京で大きな慰霊祭が行われた

2015年4月、北京中南海で中国人学者を交えたシンポジウムに招かれた死の直前の青木昌彦。左はフランシス・フクヤマだ。

るアメリカのネオコン派の誕生と実によく似ている。

この日本の反抗する若者たちは、1956年のハンガリー動乱以来、スターリンが始めた、あまりに残酷なソビエト体制を許さないというヨーロッパ各国の民衆の反抗と軌を一にしていた。だから日本共産党から、一番優秀な若者たちが分裂していったのである。

これは、世界基準ではトロツカイト（トロツキー主義者 Trotskyite という。トロツキストというコトバはドイツ語にはあるが英語にはない）という反ソビエトの運動である。アメリカでも、最も感覚の鋭い知識人たちが、この時期に同じようにアメリカ共産党CPUSA《シーピーユーエスエイ》から分裂していった。

『パルチザン・レビュー』 Partisan Review というアメリカの政治思想月刊誌があって、私はこれを若い頃読んでいた。この言論誌はアメリカ共産党の機関誌として始まったがそこから外《はず》れた。その内部で分裂が起きていた。こうした流れのなかから、今のアメリカの過激な保守勢力の一派であるネオコン NeoConservatives が生まれた。

ネオコン派は、左翼であるのに、ソビエト体制に対する激しい憎しみから保守派（共和党）に移った人たちで、ほとんどが高学歴のユダヤ系の知識人たちである。その代表は、アービング・クリストルとノーマン・ポドーレツとジーン・カークパトリック（レーガン政権の閣僚になった）である。日本の新左翼《ニューレフト》運動も、実はこのニューヨークの過激な政治運動の影響を受けた。そしてその一部は、CIA《シーアイエー》（米中央情報局）によって動かされ操《あやつ》られた。

森嶋、青木の頭脳と静かに死にゆく日本のモノづくり

青木昌彦は、1964年に東京大学大学院経済学研究科修士課程を修了後（26歳）、ミネソタ大学大学院に留学。67年に博士号をとる。同年、西海岸の名門校スタンフォード大学助教授、翌年、アイビーリーグのハーバード大学助教授、1969年から京都大学に勤務した（31歳）。そして1984年、46歳のときにスタンフォード大学教授となる。このあとは、ずっとスタンフォードにいた。

京大教授の頃、作家の桐島洋子さんと一緒に暮らして、ヒッピーみたいな男と言われていた。青木昌彦は60年安保の次の年（23歳）に姫岡玲治《ひめおかれいじ》という名前で、レオン・トロツキー著の『永続革命論』という本の翻訳を出した。英語版からの翻訳で下手くそな翻訳だっ

た。青木はこの本で一躍、日本の新しい世代の知的な学生たちのアイドルになった。

青木は安保ブントの中でも秀才と言われ、ほんの短期間だが反米闘争のリーダーのひとりだった。それなのに、奇妙なことに、先述のように26歳（1964年）のときにアメリカに留学している。そしてキッシンジャー博士のネットワークで、あとからやって来た中国からの秀才留学生と同じように、アメリカで育てられた。

だから青木が同じアジア系ということで、中国人の超エリートで、現在の中国の指導者になった者たちを育てたわけだ。青木はもっぱら「比較制度分析」という手法で「異なった政治体制でも資本主義的繁栄を作ることは可能である」と留学生たちを励ました。その後、青木は日本の経産省《けいさん》の中の経済産業研究所所長や一橋大学特任教授なども務めた。1996年には中国人民大学名誉教授（58歳）、2003年には清華大学客座教授となり、中国人に経済学を教え続けた。

この青木昌彦と森嶋通夫の業績はものすごく重要だ。きっと、このことを中国人は日本人に知られたくないだろう。でも私は、このことを日本人に知らせる。特殊な能力を持った日本人学者たちが、今のこの巨大な中国を作ったのである。このことを、この本で知らせなければいけない大きな事実だと考える。

今のマイクロソフト（ビル・ゲイツが作ったコンピューター会社）や、グーグル、アップルなどが開発した、たとえばiTunes《チューンズ》は、元はiモードもそうだが、ソニーの日本人技術屋たちが作ったものなのだ。ウィンドウズというアイデアだって、名古屋の若い学者たちが考えたものだ。そういうひらめきのある日本人が、東洋と西洋白人世界をつなぐ重要な役割を果たしているのである。

ところが、この生来《せいらい》きわめて優秀な日本人たちは、日本国内で正当に評価されることもなく、陽の当たらないところで静かにしょんぼりと死んでいく。

だからこそ、森嶋通夫の『マルクスの経済学』が、中国の今の巨大な成長を作った源泉であり出発点なのだということ。このことを、私はどうしても書かなければいけないのだ。

1989年の「6・4」（天安門事件のこと）の民主化運動に参加していた中国の活動家《リーダー》の若者たちは、CIAの手引きでアメリカやヨーロッパに脱出した。アメリカで苦労してハイテク・エンジニアかコンピュータ会社の社長になった。やがて中国政府が、「優秀な人材であれば国家として優遇する。帰って来なさい」という措置を取った。それで彼らはぞろぞろと帰って行った。彼らは「回帰派《ハイグイ》（海亀派《ハイグイ》）」と呼ばれている。

王岐山、人民銀行総裁だった周小川、ＡＩＩＢ総裁の金立群《きんりつぐん》もそういうズバ抜けた頭を持つ人間たちなのである。

そしてアメリカは西太平洋から去っていく

「シーレーン」という考え方がかなり前からある。これは原油を運ぶタンカーの輸送航路のことだ。シーレーン sea laneは、私が地図をじっと見ていたらわかったのだが、「第1列島線」（P183参照）そのものだ。なーんだ。ここを通って、南シナ海からマラッカ海峡を抜ける。この日本経済の生命線を中国に押さえられそうになっている。

そうなると、日本国はどうしても態度を変えてゆかざるを得ない。これはこれからの日本の冷酷な運命だ。敗戦後73年間、アメリカの支配を受け入れてきたように、これからは中国の支配が少しずつ始まる。これは冷酷な未来予測である。私はこういう場面では一切妥協しないと決めている。日本は中国との交渉をこれから先にどのようにするか、という話だ。

河野太郎（55歳）が急に外相になった。彼はそのうち首相になることもありうる。お父さんの河野洋平と、祖父の河野一郎、そしてその盟友だった鳩山一郎は、中国やロシアとも仲良くするという全方位《ぜんほうい》外交をやった。それでアメリカにもすごく嫌われた。国民には大変人気があった政治家だ。では孫はどうか。

「王外相、河野氏に『あなたの発言に失望』　父親に言及の後」

東南アジア諸国連合（ASEAN）関連外相会議に出席するためフィリピン・マニラを訪問中の河野太郎外相は、8月7日、中国の王毅《おおき》（ワン・イー）外相と約50分間会談した。王氏は会談の冒頭、中国の海洋進出を牽制《けんせい》した河野氏の発言について「失望した」と批判。河野氏は、「中国には大国としての振る舞いというものを身につけていただく必要がある」と反論した。

王氏の発言は、海洋進出をめぐる原則的な立場に沿ったものだが、初顔合わせであえて河野氏の父で、中国を含むアジア重視で知られる洋平・元外相を引き合いに出すことで、強い苦言を呈した格好だ。

王氏は会談で、「あなたのお父さんは正直な政治家で、歴史の話をすれば素直な態度を表明しました」と切り出し、洋平氏に言及。「あなたが外相になると知って、私たち（中国人）の多くが期待を抱いた」と強調した。「今日、東アジアサミット（ＥＡＳ）外相会議であなたの発言を聞いて率直に言って失望した。あなたの発言は、完全に米国があなたに与えた任務のような感じだ」と批判した。

（２０１７年8月8日　朝日新聞）

この新聞記事は、「あなたのお父さんもおじいさんも偉かった。彼らに学びなさい」と太郎に苦言を呈した感じになっている。しかし中国としては、先のことを考えて関係を本当に正常化する人物が出てくることを期待している。安倍晋三政権の対《たい》中国政策は遠くを見ていない、愚かな対応であった。

安倍は初めにあれだけ対立を煽《あお》っておきながら、２０１５年ぐらいから腰くだけになって中国にすり寄り始めた。決定的だったのは、２０１７年11月11日の、ベトナム、ダナン市でのＡＰＥＣ《エイペック》で「日本もＡＩＩＢ《エイアイアイビー》（アジアインフラ投資銀行）に協力する」と安倍首相が表明したことだ。あれほどＡＩＩＢへの参加を強く拒否してきたのに……。このＡＩＩＢについてはあとの第5章で書く。

中国の南シナ海領有権は常設仲裁裁判所で否定された

2016年7月12日

オランダのハーグにある常設仲裁裁判所の仕事は、「仲裁」なのに、中国が出席を拒否しても判決のようなものを出した。中国が怒るはずだ。

アメリカは、トランプ大統領の決断で少しずつ東シナ海、南シナ海の海域、すなわち西太平洋《ウエストパシフィック》から撤退していくという動きになる。習近平から

「いつまでも世界のすべての海を管理しているのは大変ですね」

と言われたトランプは、

「そうなんだよ。金ばかりかかって仕様《しよう》がない」

とうなずく。

「もうさっさとアメリカに帰ろう」というのが、「America first!」＝「アメリカの国内問題がファースト（優先する）！」の本当の意味なのだ。「アメリカが1番だ《ファースト》」という意味だと、今でも日本人は全員低脳のまま誤信している。知識人層までもが。それじゃ、2番、3番、4番は何なのだ。答えてみろ。

尖閣防衛と辺野古移転というマヤカシ

そうなると尖閣諸島問題（東シナ海）は一体、どういうことになるのか。あれほど大騒

ぎしたのに。囲碁《いご》と同じで、「アラ?」と気づいたときには、自分のほうが外側からさらに大きく包囲されていました、という様《さま》である。

日本に今よりも穏やかな政権ができれば、再度中国と真剣に話し合って、「この海域を共同開発という」線に再び戻るべきなのである。1972年の田中角栄と周恩来の「日中共同声明」自民党ハト派の「アジア人どうし仲よく」という長い伝統が復活するのである。そうすれば日本の立場を中国が考慮して、「尖閣諸島に中国が上陸することはしない」となるだろう。

中国人は幼稚ではない。大きくものごとを考える態度を知っている。尖閣《せんかく》で「オレのものだ。日本のものだ」といきり立つような煽動言論（その真意は日本を中国と戦争をさせたい）の危険さが、ようやく露見《ろけん》した。尖閣諸島は石垣島の北方にある。海保《かいほ》（海上保安庁）の船は、石垣島を拠点にしている。石垣島から西に西表島《いりおもてじま》があって、さらに西の与那国島《よなぐにじま》からはもう台湾が見えるそうだ。

これからいよいよ、台湾が中国の一部になってゆく時代のことを、私たちは考えるべきなのだ。

「ホワイトハウスから出てきた在韓米軍撤退論、韓国は『平和を守る力』があるのか」

米国のスティーブ・バノン首席戦略官が、8月16日（現地時間）、メディアとのインタビューで、「北朝鮮に対する軍事的解決策《レゾルーション》はない。その考えは忘れろ」と述べた。さらにバノン氏は、「中国が北朝鮮の核開発を凍結させる。その見返りに、米国は在韓米軍を撤収する、という交渉を考慮できる」と発言した。「だが、そのようなディール（取引）ははるかに遠い（実際上、あり得ない）」と付け加えた。ホワイトハウスで在韓米軍の撤収が議論されたことは異例だ。米メディアでは、韓米合同軍事演習の中止または縮小が対北《きた》交渉カードになり得るという報道もある。

（2017年8月19日 東亜日報）

スティーブ・バノンは、このあとトランプから首席戦略官《チーフ・ストラテジスト》の職を解任された（8月18日）。バノンはしばらく香港に行き、王岐山に呼ばれて中南海《ちゅうなんかい》に行って会議をしている。さらに年末には日本に来て、特殊な宗教団体（安倍政権と近い）と一緒に動いていた。

バノンは、

「アメリカは中国とこそ対決しなければいけない。そうしなければアメリカの時代が終わっていく」

という理論である。アメリカ帝国の衰退を黙って見過ごすわけにはいかないという理屈だ。この考え自体は、大きなものの見方としては十分に成り立つ。

だが、具体案がない。まず北朝鮮問題を片付けなければならない。そのためには中国と共闘《きょうとう》しなければいけない、というトランプ大統領にとっては、自分の足をひっぱる大間違いの考え、ということになる。バノンは愚か者であることが判明して捨てられた。

在日米軍は撤還するのか。

日本には佐世保と横須賀という2つの大きな米海軍の基地がある。ドナルド・レーガン号という空母《エアクラフトキャリア》の母港《マザーポート》である。この他に沖縄の嘉手納に、米空軍のB‐52の大きな戦略爆撃機基地がある。これらは残し、それ以外の在日米軍は縮小していくだろう。

真実を書くと、沖縄の海兵隊《マリン・コー》（公式には１万９０００万人。実際は８０００人ぐらい）は、グアム移転どころか、それ自体を廃止することが決まっているのだ。このことはトランプ政権が誕生するよりも前から決まっていたことだ。海兵隊を解体するには、米兵たちをひとまず郷里の基地に所属させてそのまま除隊させる必要がある。そのあと、職さがしをしなければいけない。実は、アメリカ国民の、国内での最大の関心事は、兵役を除隊した者たちの仕事がなかなか見つからない、という問題だ。

日本人はこのことを知らされていない。沖縄の普天間《ふてんま》にいるヘリボーン部隊（cavalry《キャバルリー》 騎兵隊を名乗る）を辺野古に移す、などという話自体が本当は、ないのだ。辺野古は、ゆくゆくは自衛隊基地となり、日本の小型空母用のヘリコプターの発着訓練用地となる。すでに内々《ないない》では決まっているのだ。

沖縄の海兵隊はグアムに移転することになっている。ところが、グアムのアンダーセン米空軍基地の空軍《エアフォース》の兵士たちが、海兵隊を蔑《さげす》んで、嫌って受け入れない。これは軍隊内の差別である。だから海兵隊のグアム移転もウソである。米本土に帰るしかないが、帰っても自分たちが戻れる基地などない。だから部隊を解散して兵隊たちを除隊させるしかないのだ。これが真実だ。

ところが、公式表明の新聞記事では次のようになっている。

「在沖縄海兵隊、グアム移転『24～28年』米軍司令官証言」

ハリー・ハリス米太平洋軍司令官は、4月26日、沖縄に駐留する海兵隊約1万9千人のうち、約4千人をグアムに移転する計画について「大半の海兵隊員の移動は2024～28年になるとみている」と述べた。下院軍事委員会の公聴会で証言した。

日米両政府は、2013年に、在沖縄海兵隊のグアム移転を、2020年代前半に開始することで合意した。日本政府も資金を提供する形で、グアムの米軍基地内に射撃訓練場の整備などを進めている。

ハリス氏は昨年、米軍普天間《ふてんま》基地（沖縄県宜野湾《ぎのわん》市）の名護市辺野古《へのこ》への県内移設が、「2025年になる」との見通しを示し、移設完了後に在沖縄海兵隊がグアムに移転するとの認識を表明していた。

両政府は2012年に在沖縄海兵隊のグアム移転と普天間基地の移設を切り離して進めることで合意した。だが2つの計画は現実的には連動している。ハリス氏もグアム移転は「普天間閉鎖と関係する」と明言した。

（2017年4月27日　日本経済新聞）

新聞ではこのようになっている。しかし、実際には沖縄の海兵隊は廃止されるのだ。アメリカ国内の世論《よろん》は、そのとき退役する兵隊たちの職さがしのことが、もっぱら中心なのである。

第4章

大国中国はアメリカの言いなりにならない

中国の成長をバックアップしたアメリカ

王岐山《おうきざん》の国家副主席就任が、2018年3月17日の全人代《ぜんじんだい》で決定された。この王岐山（69歳）が、これから5年の習近平独裁で一番重要な仕事をするだろう。

王岐山《ワンチーチャン》が対《たい》アメリカ交渉も一番上のところでやるらしい。中国外交部（外務省）よりもずっと上だ。彼は金融・経済もやってきた。ヘンリー・ポールソン元米財務長官（当時はゴールドマンサックスのCEO兼会長）とも、2002年から付き合いが深い。

王岐山は、北京市長として北京オリンピックを成功させた（2008年）。同年、国務院副総理として重要な働きをした。

2008年9月に、アメリカの巨大な金融崩れであるリーマン・ショックが起きた。そのときに、ヘンリー・ポールソンは慌《あわ》てて中国に飛んできて、王岐山に救援を頼んだ。そのあと北京大学で講演して「ユア・マネー・イズ・セーフ」と言った。「あなたたち中国が、アメリカに投資しているお金は安全ですよ」という意味だ。

それを聞いた北京大学の学生たちは、皮肉な笑い声をあげて嘲笑《ちょうしょう》した。これがのちの

中国外交はますます対米重視シフトに

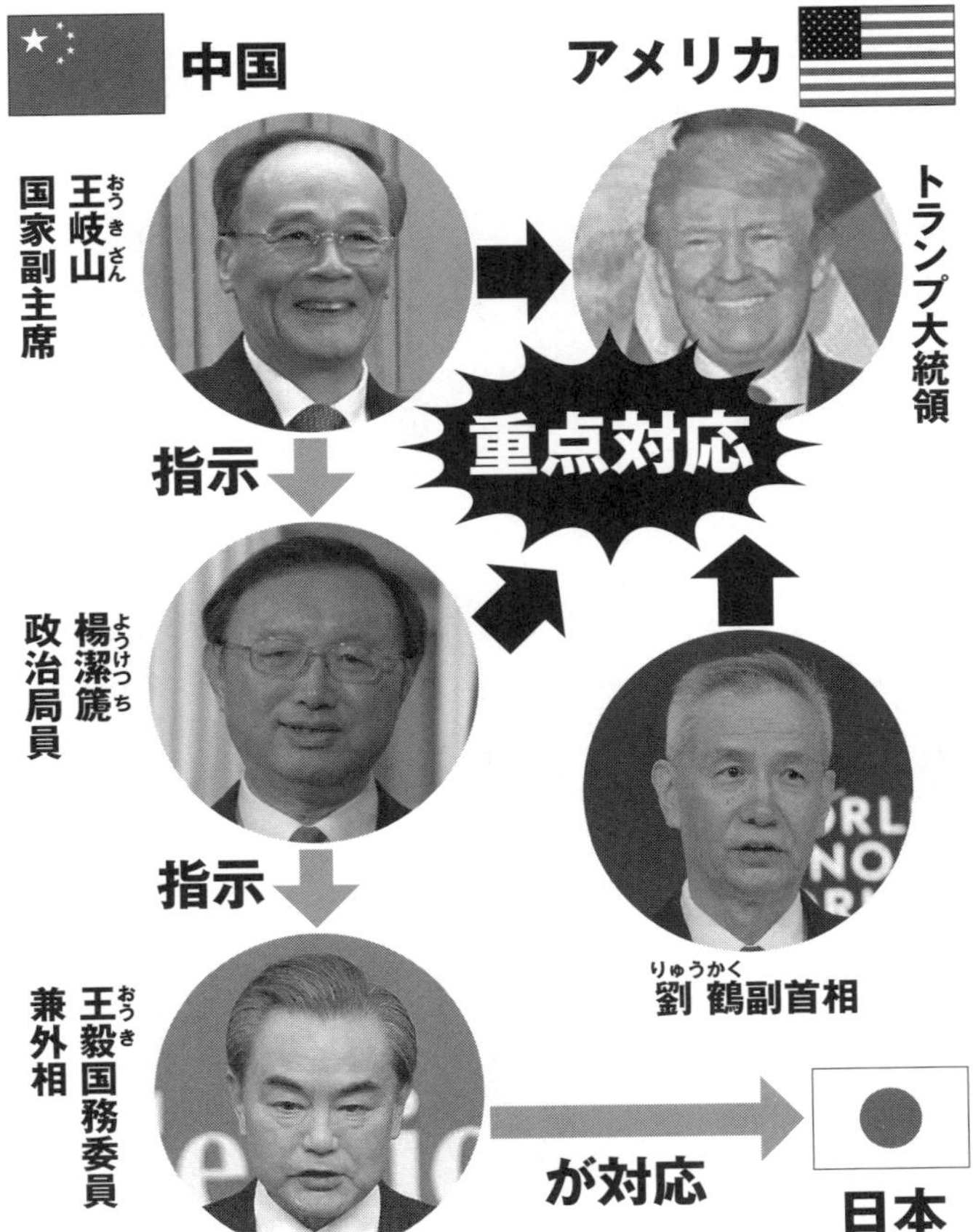

ち象徴的となる。このとき既《すで》に米中関係は逆転しているのだ。

今から38年前の中国の１９８０年からの急激な成長の土台は、アメリカが作った。アメリカが出資して中国が赤字だらけの国営企業を解体することを支援し、このあと1株５００元どころか1株1元みたいな企業をたくさん作らせた。株式会社の形をとらせ、そこに資金をつぎ込んだ。それがのちに１０００倍もの大きさになった。

この資本主義化のビジネスモデルを推進したのは、デイヴィッド・ロックフェラーを総帥とする、中国の成長に賭けたアメリカの巨大民間資本たちであった。この過程で中国には1億人もの失業者が出た。暴力団（黒《くろ》社会という）や汚れた公務員、売春婦たちが大量に出現して、欲望の渦の中で、すさまじい金銭強欲《グリード》が中国人の魂をゆさぶった。それらをものともせず中国は突き進んだ。指導者たちに先を見る目があった。

１９８９年に起きた民主化運動でガタついたときも、ロックフェラーたちは鄧小平を支えた。政治的には民衆弾圧が行われて中国国内は沈滞したように見えた。

日本の商社などは、あらかじめ「これぐらいは大丈夫」という情報を知らされていたので、中国から引き揚げない判断をした。アメリカ政府（父ブッシュ政権）が、そのように

キッシンジャーと鄧小平が今の巨大中国を作ったのだ

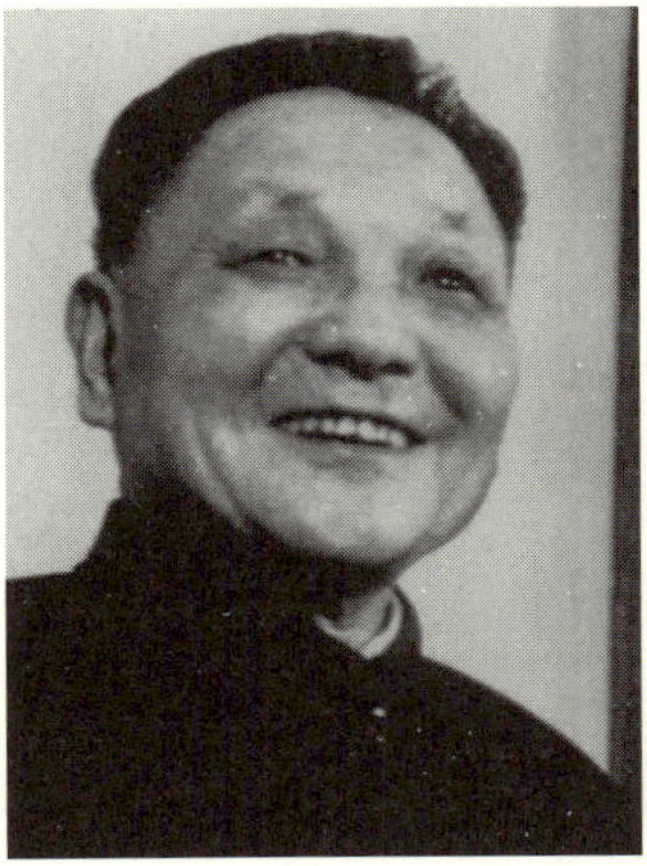

鄧小平（1904〜1997）がヘンリー・キッシンジャー（1923〜）と組んで、1980年から中国の大秀才の青年たちを、アメリカ全土の大学に留学させた。何が何でも中国を豊かな国にすると堅く決めた。その急激な国家発展のためマスタープランを作れる人材を養成する計画を実行に移した。

日本政府に指示を出したからだ。「中国に投資を続けよ」といって、それが今の大きな成長の踊り場を作った。

アメリカは、今もまだまだ1000倍になった中国の大企業の株を持っているだろう。だが、この10年20年で、かなり売ったらしい。それを買い取って支えたのは中国人だ。

そして急速に成長した中国の企業群が貿易で稼いだお金がアメリカにたまった。それはおそらく、日本の4倍はあると思う。日本がアメリカに秘密で貸し付けている（あるいは奪い取られた）資金は、1400兆円（約14兆ドル）ぐらいある。日本が儲けた金は、すべてアメリカに置いてゆけということである。

その内訳《うちわけ》は政府のお金と、銀行、生保、証券の資金とトヨタなどの輸出大企業のお金である。これらのほとんどは米国債などを買う形で、ニューヨークで運用されている。

中国は、おそらくこの日本の4倍のお金を持っている。華僑（オーヴァーシーズ・チャイニーズ）たちの資金もある。ということは、5000兆円〜6000兆円（50〜60兆ドル）をアメリカに置いているはずだ。それが前述した、「ユア・マネー・イズ・セーフ」につながる。中国が、国家としても民間企業としてもアメリカに預けている金だ。

だから米中の関係は、これからも簡単には切れない。そしてアメリカが徐々に衰退していくのを中国はじっと待っている。自分のほうからは絶対に手出しはしない。中国は本気でアメリカとケンカをする気はない。中国人は幼稚な動きはしない。アメリカの国力が落ちるのを何喰わぬ顔をして待っている。アメリカがガタンと落ち込んだときに、そのとき中国が取って代わる計画である。それはP23で私が示した図で、2024年あたりだろう。今から6年後である。

だから、米中戦争を願って祈ってきた人たちの考えは「浅はか」となる。

ロックフェラー、キッシンジャーからのプレゼント

私は、12年前の2006年に、『次の超大国は中国だ とロックフェラーが決めた』（徳間書店刊上下2巻、ヴィクター・ソーン著）という本を、翻訳して出版した。この書名のとおりになりつつある。〝世界皇帝〟デイヴィッド・ロックフェラー（2017年3月20日に、101歳で死去）が、現在の繁栄した中国を育てた。そしてロックフェラーの片腕がヘンリー・キッシンジャー（現在95歳）である。

この2人が、1988年に北京に行ったときいろいろ気前よく中国にプレゼントをした。一番大きなプレゼントは、「DF-21D《ディエフディ》（東風21号《トンプー》）」という、大型の全長10メートルぐらいある対艦《たいかん》ミサイルだ。

これは「空母キラー」と呼ばれていて、10万トン近いアメリカの航空母艦を、一発で仕留めることができる大型ミサイルだ。海面すれすれで飛んで行って、間近《まぢか》でビューンと飛び上がって、真上からエンジンと燃料庫を狙って落ちるようになっている。

だから中国は「接近阻止、領域拒否」という「A2-D2《エイディ》」戦略がとれる。これでアメリカは空母打撃群《ストライカー・フォース》を中国大陸に近寄らせることができない。DF-21Dを〝ダビデ大王〟ディヴィッド・ロックフェラーと世界戦略家《ワールド・ストラテジスト》のキッシンジャーが、気前よく中国にあげてしまったのだ。

このことは『China《チャイナ》 2049』（日経BP刊、2015年）という本に書かれている。この『China 2049』を書いたマイケル・ピルズベリーという人は、現在は米国防総省の顧問《アドヴァイザー》である。

彼は若い頃に中国語を習得した、長年の対《たい》中国の軍事戦略の専門家である。ワシントンの国務省（フォギーボトム）と国防総省（ペンタゴン）とCIA（ラングレー地区にある）の国防、軍事、情報の専門家たちの集まりを、インテリジェンス・コミュニティという。ピルズベリーは、ここで育てられた一番優秀な対《たい》中国分析の人材の1人だ。

この人物が、「アメリカは中国を甘く見た。ここまで大成長するとは思わなかった。私たちの大失敗である」と正直に書いた。新聞記事を載せる。

「米中の『密約』と日本」

「米中は切っても切れないパイプで結ばれ、日本は何も知らされていない」。こんな証言を米国の中国専門家から聞いた。長年、米中の秘密協力にかかわり、「裏の裏」を知るマイケル・ピルズベリー氏（73）だ。

1970年代以来、中央情報局（CIA）や国防総省の対《たい》中政策にたずさわってきた。いまも同省の顧問だ。そんな彼の著作が2015年秋に邦訳された（『China 2049』）。

中国はいずれ米国の味方になると信じ、台頭を助けてきた。だが、中国は初めから2049年までに米国を出し抜き、覇権を奪うつもりだった。その戦略はなお進行中だ――。実体験や中国文献をもとに、本でこう警告している。

（記者が）彼に最初に会ったのは10月下旬。「冷戦以来、米国がどれほど中国を助けてきたかを列挙し、だまされた」と彼は悔やんだ。それならば、米政府もそのことに気づけば米中関係は次第に冷え込んでいくのではないか。（記者が）こう質問すると、とても意外な答えが返ってきた。

「米中は対立しない。米中で世界秩序を仕切るG2《ジートゥ》（2つのガヴァメント）理論だってある。両国には長い秘密協力の歴史があるのだ。米国は一切、その実態を日本に教えてこなかった」

米中が、G2（の世界体制）に向かうという説は、米国内ではもはや少数派になった。中国が米国の覇権に挑めば、緊張が高まるからだ。

実際、複数の米政府高官は「G2など考えられない」と断言する。著名な米戦略家に聞いても「米中の対立は次第に深まり、米国の対中政策は厳しくなっていく」（エドワード・ルトワック氏）との分析が多い。

ではなぜ、ピルズベリー氏の読みは、（ワシントンのインテリジェンス・コミュニティの主流派とは）ちがうのか。11月下旬に再来日した彼にもう一度会い、疑問をぶつけてみた。すると、こんな趣旨の説明が返ってきた。

「次期大統領候補は、選挙中には中国をたたくが、就任後、秘密協力の実態をＣＩＡから知らされるので、中国と折り合おうと思い直す。中国側も、自分が強大になるまでは米国との協力が必要なので、相手を本気で怒らせるほどには挑発しない」

彼によると、「ブッシュ前政権当時、タカ派のチェイニー副大統領やラムズフェルド国防長官ですら中国に、過度に強硬に接すべきではないとの認識を示した」という。米同時テロや北朝鮮問題で、中国との協力は無視できないからだ。

では、どちらの予測が正しいのか。カギをにぎるのは。ピルズベリー氏が私に教えた「米中秘密協力」が、どれほどのものなのか、だ。彼はその現状は明かさないが、一端は想像がつく。

たとえば、アフガニスタンの和平交渉では「米中が水面下で連携している」（国際機関幹部）。朝鮮半島政策やイランの核問題でも、日本が知らない大国ならではの貸し借りが成り立っている。

だが、これらはアメリカが国家の命運をかけてソ連に対抗した冷戦中の大戦略提携とはちがう。米政府内からも「米中の協力が深まっても、もっと深刻な戦略的対立を中和するのは難しい」との声が聞かれる。あるいは、私たちがあっと驚くような密約が米中にあるのだろうか。

「日本に少し、罪悪感を感じているんだ」。ピルズベリー氏は最後にこうつぶやいた。組むべき友人は、日本ではなく中国だというキッシンジャー元国務長官らの対中重視路線に（自分たち専門家が）乗り、日本を軽視してきてしまったからだという。

南シナ海やサイバー問題などをめぐり、米中の攻防は強まっている。その舞台裏でどんなやり取りがあるのか。両国が対立を深めていくとしても、忘れてはならない視点だ。

（2015年12月20日 日本経済新聞）

この記事を書いた人物は、きっと日本のインテリジェンス・コミュニティ（国家情報部員）の対《たい》アメリカ分析を専門とする情報収集人間だ。富坂聰氏が日本政府の対《たい》中国分析の斥候兵であるのと同じだ。この2015年時点（今から3年前）で、アメリカの対外政策に動揺があったことが見てとれる。中国にどう対処するかで、アメリカの国論に分裂が起きたことが見られる。

2015年時点では、次の大統領をヒラリー・クリントンにして、2017年から「中国とぶつかる（開戦する）」という勢力が台頭していたのである。ところがトランプが勝って中国との宥和《ゆうわ》政策が進行した。

マイケル・ピルズベリーは、キッシンジャーが、「東風21号」まで中国にあげたことに怒っている。アメリカが中国とぶつかる、すなわち第3次世界大戦の前哨戦《スカーミッシュ》を実行しようとする恐ろしい勢力との対決の姿勢を、ここにその兆《きざ》しを見ることができる。

私は米大統領選のさ中《なか》の2016年5月に、「トランプが勝つ。ヒラリーは捨てられる」と予測（予言）して、当てた人間だ。私は国家戦略家《ナショナル・ストラテジスト》として、この2015年のアメリカの支配層のなかの動揺と分裂線を観察して凝視《ぎょうし》していた。

キッシンジャー博士が、2016年5月18日に、「ドナルド（・トランプ）。私の家に来てくれ」と候補者であったトランプを自宅に呼んだときに、決まった。「私たちはお前を次の大統領にすると決めた。ヒラリーでは世界が大変なことになる。あの女は第3次世界大戦《ザ・サード・ワールド・ウォー》を始める。阻止しなければいけない」と決断した。

もうひとりアメリカの対《たい》中国の戦略家がいる。小物だが、『米中もし戦わば』の著者ピーター・ナヴァロである。彼はトランプの閣僚に選ばれたが影が薄かった。2018年3月に貿易交渉担当として復活した。

ナヴァロは、一応、対《たい》中国強硬派であり彼の起用は意味を持つ。だが実際には、「2国間FTA《エフティーエイ》（2国間での貿易交渉）」は、実物《じつぶつ》経済の話だからどうせ簡単には進まない。ズルズルやっているうちに4、5年は経《た》ってしまう。トランプは、実はこのことをよくよく知っている男である。

米軍と中国軍は太平洋で住み分ける

アメリカの太平洋軍《パシフィック・コマンド》は、ハワイのホノルルに司令部がある。その主力が第7艦隊（The Seventh Fleet《ザ セブンス フリート》）で、佐世保と横須賀も握っている。

中国は大陸棚条項の「第９段線」までを自分の領海《りょうかい》と主張している。第一列島線は中国海軍がすでに突破した

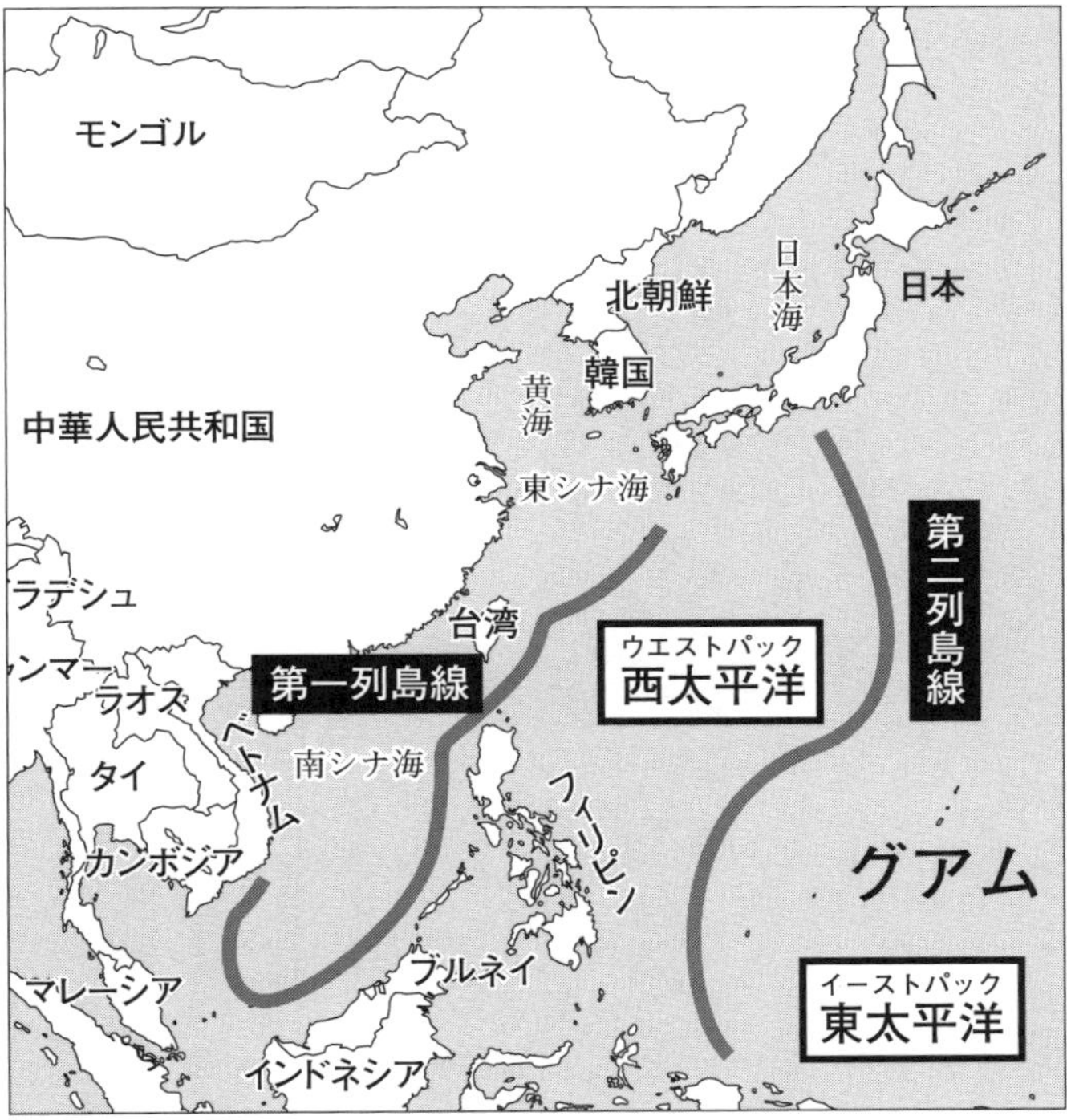

第二列島線まで、中国の管理支配下に入ってゆく時代が来た。それが西太平洋（ウエストパック）だ。

アメリカの軍隊は、大きくは、①国内軍、②欧米軍、③中央軍《セントコム》（ここがインド洋から中東までを管轄《かんかつ》）、④太平洋軍、そして、⑤特殊軍《スペシャル・フォーシズ》、⑥戦略軍《ストラコム》（ここに核兵器を扱う宇宙軍《スペイス・ミリタリー》とサイバー軍《ミリタリー》が入る）に分かれる。

アジアでは北朝鮮核《かく》ミサイル問題の次には、台湾と南シナ海をどうするかが次の争いの場になる。アメリカ政府は、ここでは中国に対して簡単には引かない。しかしＰ１８３の図で示したように、第一列島線はすでに突破された。第二列島線、日本とインドネシアを結ぶ線でのせめぎ合いとなっている。このウエストパック（西太平洋）の支配権（管理権）を中国に寄こしなさい、という問題になっている。

ウエストパックは、グアムの手前までだ。中国が、「これからはこの海域を中国海軍がパトロール（遊弋《ゆうよく》）する」と言いだしているのだ。ということは、台湾とフィリピン、そして日本も、そこにすっぽりと入る。

台湾（２０２０年2月に大統領選）も、フィリピン（ドゥテルテ大統領の決断）も、自国が中国の庇護《ひご》化に入ることを認めつつある。この事実を私たちは受け入れられるかどうか。日本の右翼および保守派の反共産主義者《はんきょうさんしゅぎしゃ》たちには、この事実は受け入れ難いだろう。

南沙諸島《スプラトリーアイランズ》は5つの国が領有権を争っている

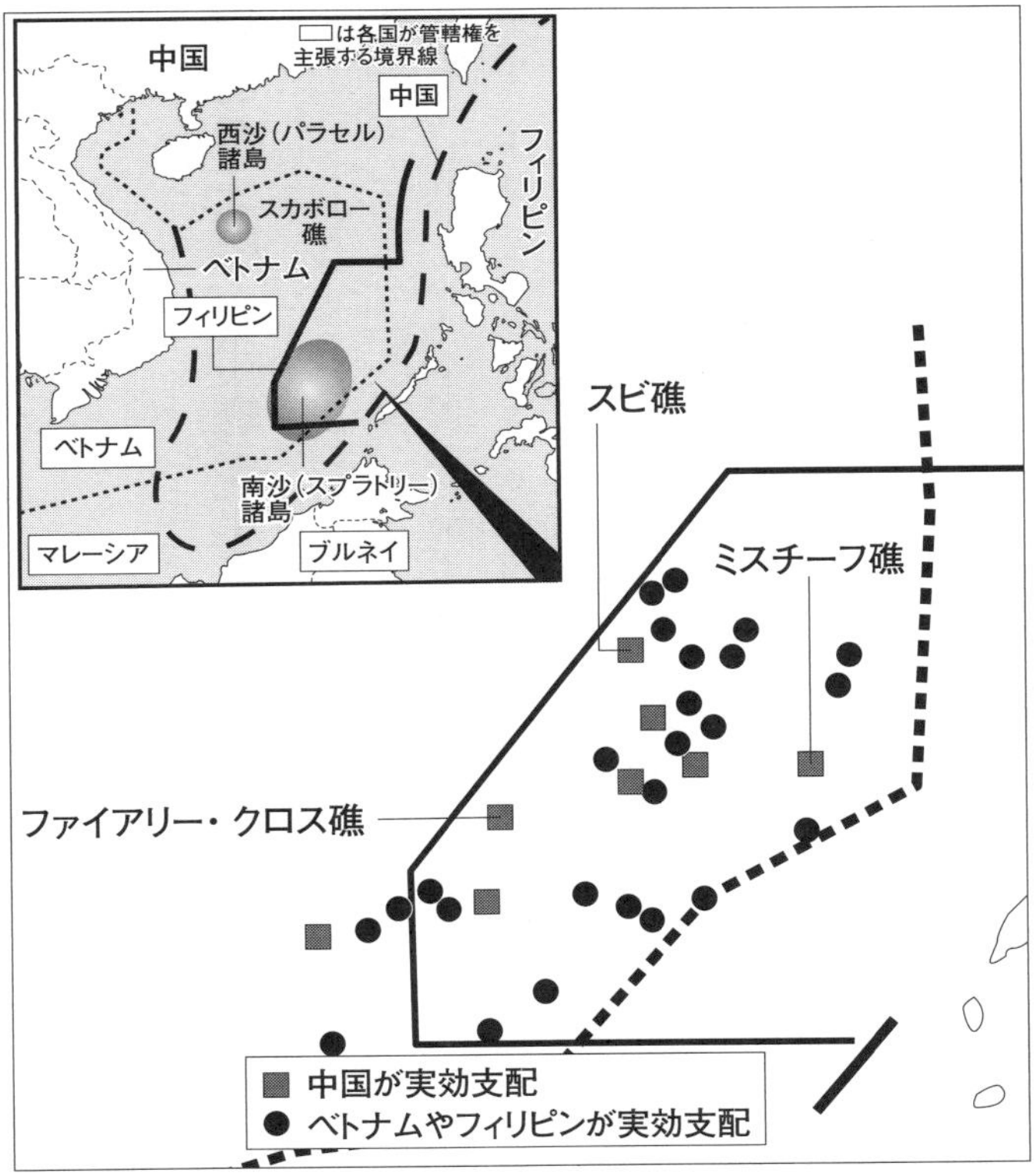

これらの岩礁（アイレット、islet）の占拠と埋め立てが少しずつはっきりして来た。中国だけでなく5つの国が互いに入り乱れて実効支配（占領）している。

しかし刻一刻とこの事態が進んでいる。あとは、トランプがどのように決断するかにかかっている。

米・中・ロの3大国が世界を動かしている

トランプ政権が始まってから、2017年2月9日までは、日本の保守派、反共産主義者たちは、「アメリカはいよいよ中国と開戦する」と勇み立っていた。ところが、この日トランプが習近平に電話して、「ひとつの中国《ワン・チャイナ》を認める。台湾は中国の一部である」と伝えた。このとき台湾の運命が決まった。もうあと戻りはできない。台湾は中国のひとつの省になってゆく。このことは本書の第1章P62～66で説明した。

実は、まさにこの時期にヨーロッパのポーランドとリトアニアのロシアとの国境線で、NATO軍とロシア軍が一触即発の状態であった。この緊張がトランプの台湾についての一言で一挙に解けた。

東西《とうざい》はこのように連関し合って動く。トランプ政権の意思として、まず北朝鮮問題を先に解決するという決断がある。だからアメリカは中国と同盟国《アライ》にはならないが、戦略的パ

この3人による世界体制が2024年まで続く

左は1945年2月4〜11日に開かれたヤルタ会談の様子。左からチャーチル(英)、ルーズベルト(米)、スターリン（ソ）。

上の習近平、プーチン、トランプの「ニューヤルタ」あるいは「ヤルタ2.0（トゥー・ポイント・オゥ）」で世界はしばらく動いてゆく。

ートナーとして連携する関係を作った。

私の理論では、習近平（中国）とトランプ（アメリカ）、そしてプーチン（ロシア）の3人が、「第二次ヤルタ会談」の体制を作りつつあるということだ。この仲立ちをして、3人の先生（メンター）としての役割を果たしているのが、まさしくヘンリー・キッシンジャー博士（95歳）である。

キッシンジャーは、彼自身が30代から唱えた「限定核戦争論《げんていかくせんそうろん》」に従って、「小国には核兵器を持たせない」という決断で動く。だから北朝鮮の核兵器を取り上げて、NPT《エヌピーティー》（核拡散《かくさん》防止条約）体制を守るということを優先する。この私の見立《みた》てを多くの専門家が嫌がっている。だが現実にすでにこの3大国の取り決めで世界は動いている。ヨーロッパは口《くち》ばっかりで実力がなくなっている。

前述したとおり去年2017年の2月、3月までは、ヨーロッパ北部のポーランドとリトアニアの国境線で、今にもロシア軍とNATO軍がぶつかりそうな雲行きであった。ドイツ駐留のNATO軍（実態は米軍）が、リトアニアに2000人派遣されて一触即発の状態になった。だが、トランプはそれ以上は軍隊を動かさなかった。このとき、ヨーロッパとロシアの戦争の危機が消えた。

「リトアニア　米の親露姿勢、脅威　防衛NATO依存、苦境」

リトアニア中部のルクラ基地。2014年春のロシアによるウクライナへの軍事介入と南部クリミア編入を受け、リトアニア政府が再導入した徴兵制で集めた兵士が訓練中だ。年約3500人の徴兵枠のうち約3分の2は志願兵だ。

ウクライナ危機以降、米欧が構成する北大西洋条約機構（NATO）とロシアは、「新冷戦」に直面している。バルト3国（リトアニア、ラトビア、エストニア）などNATO加盟の対露《ろ》最前線国家は脅威に身構える。

ルクラ基地には2017年1月下旬、ドイツ主導のNATO多国籍部隊が到着した。対ロ抑止力強化を目指したバルト3国とポーランドへの計4000人配備の一環だ。冷戦後の対ロ国境配備部隊として最大規模。ルクラでは、以前から駐留していた米軍と共同訓練などを行う。

徴兵制再導入を国民の7割が支持した。その空気を反映してか政府は次々と対ロ政策を打ち出している。リトアニアの情報機関は、ロシアのスパイと疑われる人物を通報するホットラインを開設。政府は今年1月、ロシアの飛び地カリーニングラード州との国境に高さ2メートル、全長130キロのフェンスを設置する計画を公表した。報道によると予算は3000万ユーロ（36億円）。表向きは密入国などの防止目的だが、ロシアの軍事的脅威を意識しているのは明らかだ。

人口約300万人のリトアニアは、軍事費の大幅な増額も続ける。2017年予算で7億2300万ユーロ（約867億円）と3年間で約2・2倍になった。

バルト3国は18世紀にロシア領となり第一次世界大戦後に独立。第二次大戦中はナチスドイツとソ連に相次いで侵攻され、戦後はソ連に編入された。1990年代初めに再独立して、04年にNATOとEUに3国同時に加盟し、欧州へ復帰した。カリーニングラード州を囲い込むNATOの東縁部で、地政学的に重要だ。

米国防総省系シンクタンク、ランド研究所は2016年2月、バルト諸国は60時間以内にロシアに制圧されうるとの報告をまとめた。最大の「弱点」は「スバルキ・ギャップ」と呼ばれるリトアニアとポーランドの国境線だ。約70キロのこの線は、ロシアが軍備を増強するカリーニングラードと、親露色の強いベラルーシもつなぐ。ここを制圧されれば、バルト3国は欧州から切り離される。NATOのバルト諸国などへの約4000人の派遣も、その補強が目的と見られる。

（2017年3月19日　毎日新聞）

このバルト3国とロシアの一触即発の戦車戦の危機が、回避された。このヨーロッパでの危機は、台湾・南シナ海の危機と密接につながっている。東西は連動して動く、というのは歴史の法則である。

チャイナロビーは昔の中国に戻ってほしい

アメリカの共和党は8つの思想派閥（勢力）から出来ている。そのうちのひとつにチャイナロビー派という人々がいる。タイム・ライフ誌を戦争中に興したヘンリー・ルースという出版人の、「台湾を共産中国の侵攻から守れ」という反共精神と、「アメリカ人は中国人の友人だ」という精神から出来ている思想集団である。

アメリカのチャイナロビーは今も台湾独立支持派だ。蔣介石の国民党《グオミンタン》を支えた米軍人たち(「フライング・タイガー」の米空軍の元パイロットたちとか)がまだ生きている。この米チャイナロビー派という支持勢力があるから、今も台湾はもっているといっていい。「台湾関係法」を支えているのも彼らである。だから中国は台湾を甘く見ることができない。後ろにアメリカがいるからだ。

しかしチャイナロビーは国家組織ではない。

アメリカと中国の歴史的な結びつき

「ライス・クリスチャン」という言葉が大事だ。お米を食べるキリスト教徒のことである。アメリカは私たちアジア人をキリスト教徒にする、という強い情熱で動いてきた。だからライス・クリスチャン rice Christians を作る活動をしてきた。「アメリカン・ボード」というのだが、人種差別をしないプロテスタントの宣教師団が、アジア人をキリスト教化するために、大変なお金をみんなで出し合って日本に来て、布教活動をした。日本では幕末から、箱館(函館)がすでに定期航路になっていて、密かに新島襄《にいじまじょう》(同志社大学の創立者)

がここから大きな船でアメリカに渡った。

同じように宣教師団は中国にも行った。そこからチャイナロビー派は生まれている。1880年代にアメリカ大陸の西海岸と東海岸をつなぐ鉄道を通すための人夫に、中国人が使われた。苦力（クーリー）たちである。西海岸から中国人をたくさん入れて、鉄路を敷かせた。


そうした鉄道工夫としてアメリカに行った1人に、チャーリー宋（宋嘉樹《そうかじゅ》　1863〜1918）がいた。この人物がアメリカ人に育てられて、お金を出してもらって宣教師となり上海に帰った。このチャーリー宋は自分の娘の三姉妹の長女（宋靄齢《あいれい》）を孔祥熙《こうしょうき》という上海の不動産業の大物と結婚させた。次女（宋慶齢《けいれい》）は孫文の奥さんになった。三女（宋美齢《びれい》）が蔣介石の奥さんになった。

こうしてアメリカの後押《あとお》しで計画的に作られたのがチャーリー宋が率《ひき》いた浙江《せっこう》財閥である。そのアメリカの資金は、1900年の義和団《ぎわだん》の乱（「北京の55日」という映画になった）のときにアメリカ政府が受け取った賠償金である。西太后から奪い取ったものだ。

他のヨーロッパ列強《パウアズ》は、その金を国に持って帰った。だがアメリカは持って帰らずに、その国に埋め込む。この埋め込みを「エンベンデッド」embedded と言う。清華《せいか》大学も復《ふく》旦《たん》大学もこの資金で作られた。

日本も帝国主義政策のとき旧植民地で同じことをやった。かつて国策《こくさく》銀行として作られた長銀《ちょうぎん》、勧銀《かんぎん》、興銀《こうぎん》は、それぞれかつての朝鮮銀行、満州銀行、樺太銀行である。植民地支配のときに作られて儲かった資金が、戦後の政府系銀行の原資になったのだ。

中国とイスラエルの知られざる関係

中国についてもうひとつ重大な秘密がある。2007年6月までは、中国は実はイスラエルと親密であった。中国は秘かにイスラエルから核兵器の技術や宇宙技術、コンピュータ技術などを安く買っていた。

ユダヤ系アメリカ人の技術者たちは、アメリカ国民でありながらイスラエル国にも忠誠心＝「二重の忠誠心」（デュアル・ロイヤリティ）を持っていた。この人々がアメリカのロスアラモス研究所（核兵器開発）や軍事技術の研究所や、最先端のコンピュータ企業に

米と中でこれからの世界を動かすと決めた。これをG2《ジートゥ》（ガヴァメント2）という。それでも対立はある

2017年11月9日夜の北京パーティー。キッシンジャー博士も秘かにここに来ていた。

勤めながら、技術を盗み出してイスラエル国家情報部（スパイ組織）に渡す。それらの先端技術を中国が安く買っていたのだ。

だが中国は、2007年にそれをやめた。中国は、大きな決断として地球上に合わせて18億人いるアラブ諸国およびイスラム教徒たちと、連携する、仲よくする、と決めて態度を変えたのだ。そのときにイスラエルは中国に捨てられた。

当然、イスラエルは中国に怒った。このときからイスラエルは中国を敵視するようになった。それで、イスラエルは（広大な）新疆ウイグル自治区（タクラマカン砂漠）やチベット自治区でウイグル人やチベット人たちをけしかけて、反中国暴動や焼身自殺などの事件を起こさせている。私は現地に行ってこれらの話を聞いた。

大事なことを中国人の知識人が言った。

「中国人はいくらアメリカで教育を受けても、アメリカが嫌いだ」と。

「中国人でアメリカ人の手先になる人間はいない」とも言った。それは中国が大国だからだ。大国としての歴史があるので、属国にはならない。歴史の厚みが違うのである。

やはり阿片戦争《オピアム・ウォー》（1841〜43）が中国にとって重要なのである。阿片戦争をイギリスが中国に仕掛けて大きく没落が始まった。このあと、中国は、イギリス（大英帝国）だけでなく、他の列強《れっきょう》（ヨーロピアン・パウアズ）に領土を各地で割譲させられ、植民地になって悲惨な状況に陥って入った。

それから150年間、中国人は地獄の苦しみを味わった。だから一番悪いのはイギリスなのである。中国人にとって最大の怒りの対象は、今も上品に気取っているイギリスに対して、でなければおかしいのだ。中国人はこのことを知っているはずである。

第5章

AIIBと一帯一路で世界は中国化《シノワゼイション》する

日本のＧＤＰは25年間で５００兆円、中国は今や１５００兆円

中国の人口は14億人ということになっているが、本当は15億人いる。イヤ、もうすぐ16億人になる。中国人たちが私にそのように言った。今も毎年３０００万人くらいずつ増えている。その強大な人口増殖力が、中国の経済繁栄を支えている。

今も7～8億人いる農民は、貧乏でまだまだ貧しいといわれている。このうちのとくに貧しい2億５０００万人を、都市部に移す計画が始まった。政府が住宅まで作ってくれる。

私が20年前（１９９８年）に中国に行った頃は、都市のお店で労働している若い人たちの月給は、だいたい８００元だったから、日本円で1万円ぐらいだった。その人たちが、今おそらく月収8万円くらいまで来たのではないかと思う。最低賃金でも３０００元くらいだから、1元＝16円だとして、都会への出稼ぎ労働者（農民工《のうみんこう》）でも、月給5万～6万円くらいまでにはなっている。

大卒の企業勤務、公務員たち（高給取りである）で、月給16万円＝1万元ぐらいだ。年収で２００万円だ。しかしこの他にボーナスの分が高いので年収４００万円くらいになっ

1979年1月、鄧小平の訪米で中国の大発展は幕を開けた

1978年10月訪日のあと、翌年1月には、鄧小平はアメリカを訪れた。社会主義市場経済へとすさまじい勢いで舵を切った。だが、帰国するや2月にはベトナムに対する戦争を行っている。

ている。中国は、歴史的に宋《そう》の時代（10世紀）から給与外《がい》の収入が多い国で、人々には特別収入がたくさんある。

２００６年に世界各国のＧＤＰ比較で、日本は中国に追い抜かれた。今は、中国が世界のＧＤＰ総額90兆ドルのうちの実に15兆ドル（１６００兆円）である。これは香港、台湾を含む。次ページの「世界主要国のＧＤＰ」表のとおりだ。それに比べて、日本はこの25年間、まったく経済成長がない国で地獄をはいずり回っている。

日本のＧＤＰは、ずっと4兆３０００億ドルだった。それを最近日本政府が計算の仕方を変えることで、嵩《かさ》上げして5兆１０００億円にした。これでやっと５００兆円だ。Ｐ１３３の「中国の経済成長率」の表にあるとおりだ。この「成長率の表」は、ＩＭＦが公表しているものであって、いい加減な数字ではない。

日本は25年間、ずっとこの５００兆円のままなのである。25年（１９９３年から）も経済が停滞し続けるというのは大変なことだ。日本人はこの25年で、本当に貧乏になってしまった。

それに比べて中国は、この10年で10倍、20年で１００倍、40年間では１０００倍もの急

世界主要国のGDP 2018年

国名		GDP（兆ドル）	世界全体に占める比率
アメリカ		21.0	23.3%
中国		15.0	16.7%
EU	ドイツ	4.0	4.4%
	フランス	2.8	3.1%
	イギリス	2.7	3.0%
	イタリア	2.1	2.3%
	スペイン	1.4	1.5%
	その他	……	……
	全体	19.4	21.5%
日本		5.1	5.7%
ロシア		1.6	1.7%
インド		2.7	3.0%
ブラジル		2.2	2.4%
カナダ		1.8	2.0%
オーストラリア		1.5	1.6%
韓国		1.6	1.7%
インドネシア		1.1	1.2%
トルコ		0.9	1.0 %
その他諸国		……	……
世界合計		90	100.0 %

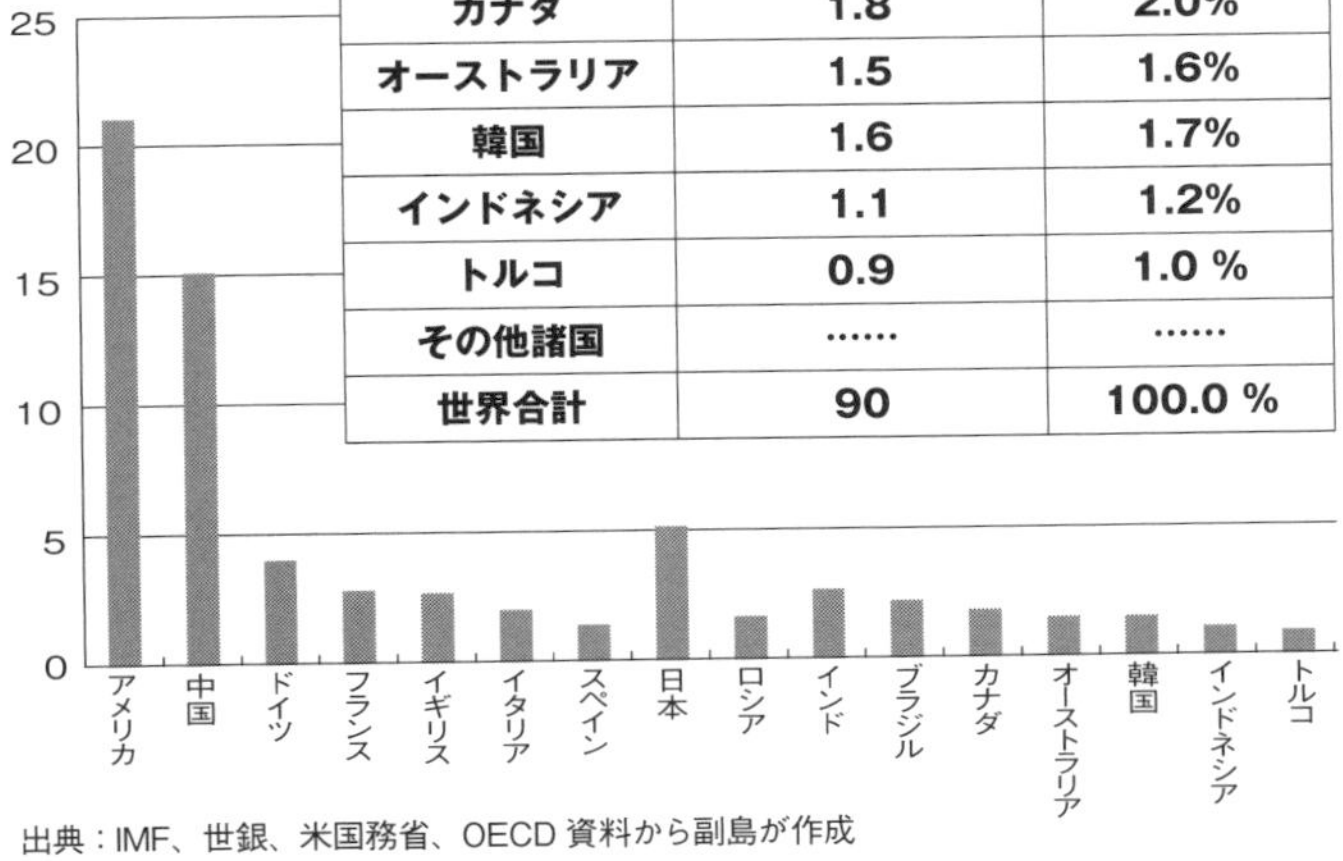

出典：IMF、世銀、米国務省、OECD 資料から副島が作成

激に経済成長した国である。私、副島隆彦のこの書き方は決して誇張でも、駄法螺《だぼら》でも、大風呂敷でもない。私はこれまで10年間に10冊の中国研究本を書いてきた。これらの統計数字についてもずっと追いかけてきた。

世界の統計は嘘ばかり

中国はこの後《あと》も、しばらくは成長を続けて繁栄する。そしておそらくあと6年で、アメリカを追い抜く。それは2024年である。この年に次ページの表にあるごとく「ゴッツン！」が起きて、米中のGDPは逆転する。この時、アメリカに金融恐慌（リーマン・ショックの再来。数倍）が起きてドルが下落しドルの信用が暴落（1ドル40円台だろう）して、アメリカの国力に決定的衰退が起きるだろう。

アメリカのGDP統計には嘘が入っていて、今21兆ドル（2200兆円）と公表している。それで世界のGDPの23・3％を占めている、と豪語している。だが本当は、2008年のリーマン・ショック（金融危機）で、ガタンときていて、それ以来インチキの数字を公表して真実を隠ぺいしている。

2024年にGDPで米中は逆転するだろう

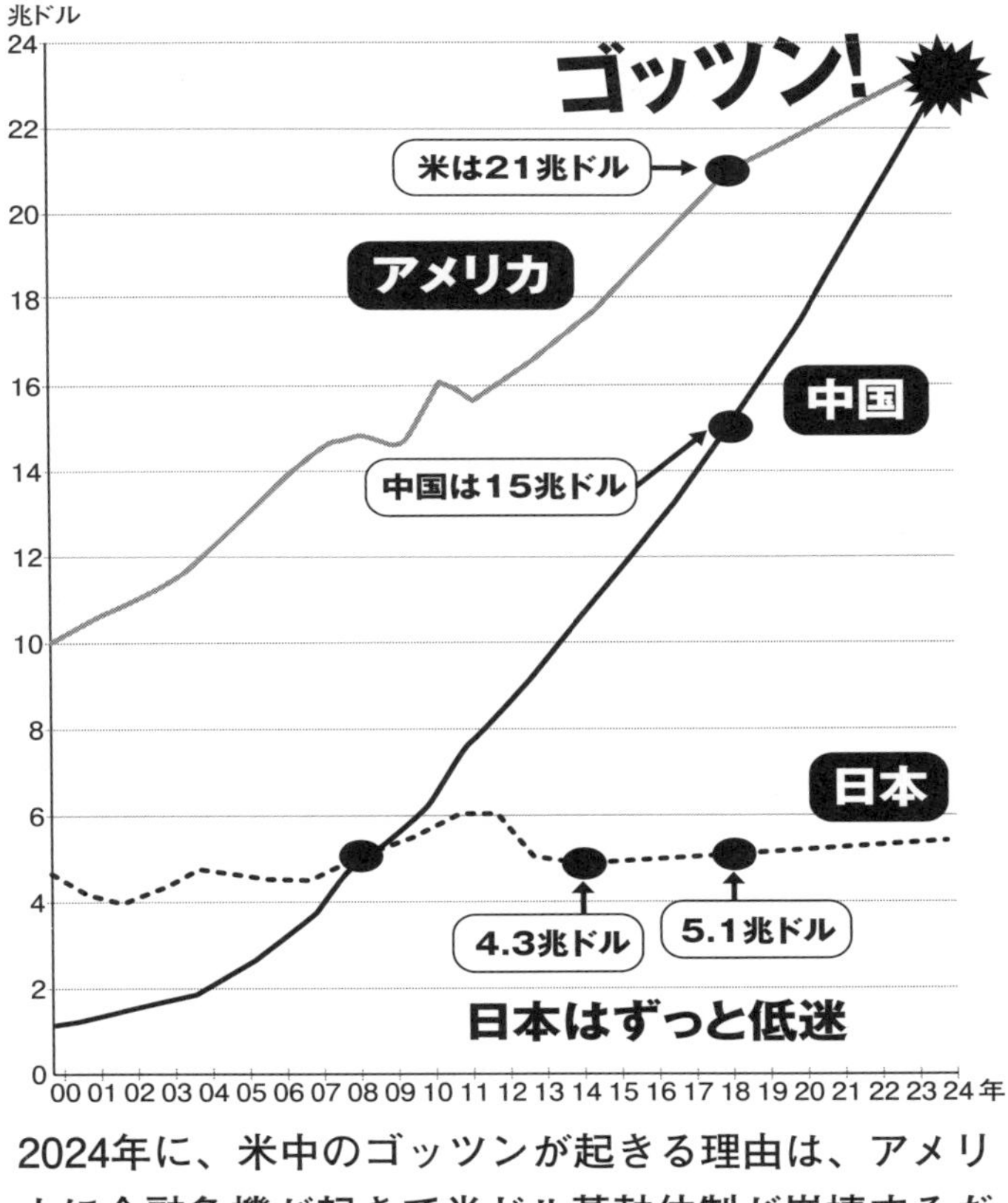

2024年に、米中のゴッツンが起きる理由は、アメリカに金融危機が起きて米ドル基軸体制が崩壊するだろうからだ。日本はこのあとも低迷し続ける。

中国政府の経済統計はずさんで、とても信用できない、と書いてきた専門家たちがいる。おそらくそうだろう。だが、「それでは自分たち先進国の統計は本当に信用できるのか？」と私が追及すると、彼らは口ごもる。口ごもるを通り越して、体がブルブル震《ふる》えだすのではないか。

この問題で私と論争できる、という人は名乗りを上げてから出て来て下さい。

中国の巨大な成長を、いやいやながらでも日本国民はわかってきた。5〜6年前に「爆《ばく》買い」という言葉が出てきた。インバウンド inbound とは、買い物にやってくる外国人旅行者という意味だが、このインバウンドの6〜7割は中国人、台湾人、香港人、韓国人たちだ。この人たちのものすごい購買力に日本国民は圧倒された。

今は、中国政府がこうした中国国民の外国での買い物に税金をかけるようになった。あまり高価なものをたくさん買うと、帰りの空港で税金を取られるようになった。だから爆買いも少し収まっている。

中国の激しい成長と繁栄は、現地に行ってみなければわからない。私は毎年1回、中国を調査しに行っており、主要な都市はだいたい見て回って知っている。西安（シーアン）

の他にも、ウルムチ、ハルビン、成都、重慶、フフホトなどにも行った。たとえばフフホト（呼和浩特）は広大な内モンゴル自治区の都（本当は中国モンゴル族の首都）である。旧満州の西側半分も内モンゴル自治区である。

日本人は今も中国の真実の姿と実情、実態を知りたくない、わかりたくない。むしろ、対抗心ばかり燃やして、とにかく中国を見下《みくだ》したいという気持ちのままだ。安倍晋三を支えている反共右翼《はんきょう》の人たちは、西洋白人に対しては一言も文句を言わない。白人には劣等感があるからだ。それなのに、中国、北朝鮮、韓国の人々を、とにかく自分たちより劣った見苦しい、惨めで愚かな人間たちだと言って貶《けな》すことばかりをしてきた。

これは非常によくないことなのだ、ということを、そろそろこの人たちはわかるべきだ。私の本の新たな読者になる人は、このことを肝《きも》に銘じなさい。

アメリカの貿易赤字の半分は中国

アメリカの対《たい》中国の貿易赤字は毎年毎年、4000億ドル（42兆円）である。P209の表は公式のものだが、実際はそれ以上ある。

アメリカの貿易赤字は7960億ドル（約84兆円）である（2017年）。ドイツは日本より少しだけ対米で少なくて642億ドル（7兆円）の貿易黒字を生み出している。日本は688億ドル（7兆2000億円）である。いまアメリカとの国境線に壁を作る、作らないで騒がれているメキシコは、710億ドル（7兆5000億円）だ。

この秘密は、メキシコのアメリカ合衆国との国境沿いに、ものすごい数の工場が操業していて（日系企業もたくさんある）、そこの経営者たちは、毎日アメリカ側からメキシコに国境線を越えて通っている。そこで「メキシコ製」になった工業製品を、アメリカに無関税（これがＮＡＦＴＡ・ナフタ）で持ち込んでいる。その金額が正味、差し引きで7兆5000億円なのだ。これにトランプもアメリカ国民も怒っているのだ。

アメリカは対中国で毎年、毎年、4000億ドル（42兆円）もの巨額貿易赤字を出している。それがたまりにたまって、だから累積《るいせき》では、その20倍で8兆ドル（840兆円）ぐらいになっている。これらの資金はニューヨークで運用されている。この累積の貿易赤字（中国から見れば貿易黒字）から生まれた資金は、資本収支と国際収支のところで、ものすごい金額になる。資本収支（金融まで入れた大きな国家間《かん》の取引）まで考えると、終始

米国の対《たい》主要国別の貿易赤字

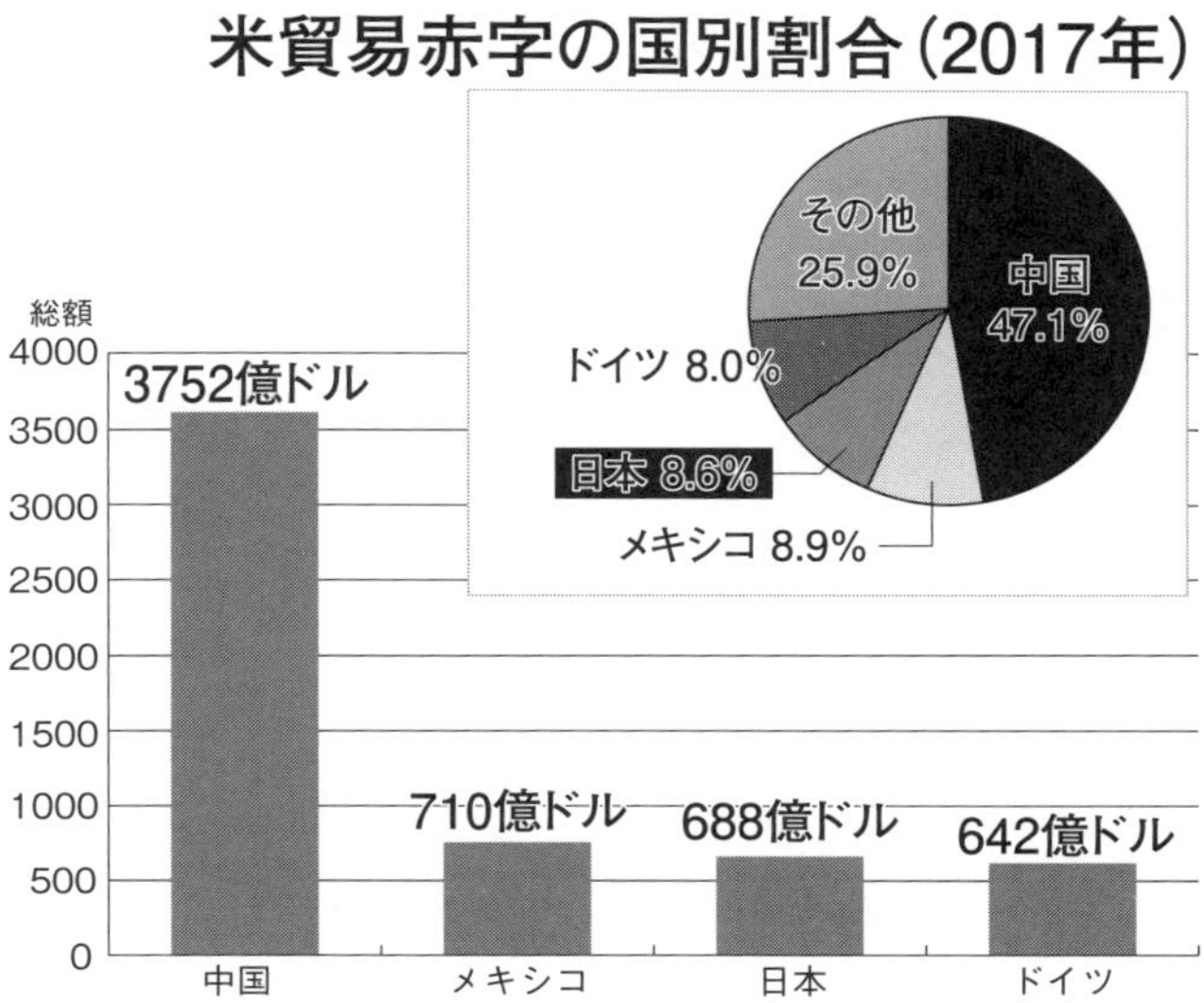

2017年通関ベース

米の1年間の貿易赤字は約9000億ドルある。その半分が対中国である。トランプ大統領が怒って、中国に対して、「毎年4000億ドルある貿易赤字（トレイド・デフィシット）のうち知財《ちざい》（インテレクチュアル・プロパティ）の分で払っていない年額500億ドル（5兆円）をまず払え」と発言（3月23日。ツイッター）。

はバランスするようにできている。だからここで大きな得をしているアメリカが騒ぐのはおかしいのだ。

だがトランプは、習近平とサシで、睨《にら》み合って「この対米《たいべい》での巨大な貿易黒字を、まず半分に減らせ」の交渉をする。中国としては、「人民元を今の倍の元高《げんだか》にしてもいい。今の元安は、中国が望んだものではない。1ドル＝4元になってもいい。今の1ドル＝6・9元は、中国が作ったものではない」と考えている。トランプの真意も「よし、わかった。もうこれ以上のドル高＝強いドルはいらない。ドル安《やす》でいい」というものだ。

貿易戦争というマヤカシ

トランプが突如、鉄鋼とアルミへ関税をかけると言い出した（2018年3月23日）。すると、世界から大きなブーイングが起きた。アメリカの鉄鋼メーカーであるニューコアやUS《ユーエス》スチール（元はカーネギー鉄鋼所）、ベツレヘム・スチールなどの鉄鋼生産力は極めて低下している。

現在、年間17億トンある世界の鉄鋼生産のうち、6割の10億トンは中国産だ。日本は、

世界の巨大企業の時価総額ランキング

2018年4月

	企業	時価総額	日本円（兆円）
1	アップル　Apple　50.7億株	8,790億ドル	92.2
2	アルファベット（グーグル）Alphabet	7,114億ドル	74.7
3	アマゾン・ドット・コム Amazon.com	7,109億ドル	74.6
4	マイクロソフト Microsoft	6,952億ドル	73.0
5	テンセント　Tencent（中国）“ウィーチャットペイ（微信支付）”	4,879億ドル	51.2
6	フェイスブック　Facebook	4,862億ドル	51.1
7	バークシャー・ハサウェイ Berkshire Hathaway	4,544億ドル	47.7
8	アリババ　Alibaba Group Holding（中国）	3,954億ドル	41.5
9	ＪＰモルガン・チェース JPMorgan Chase	3,837億ドル	40.3
10	中国工商銀行 Industrial and Commercial Bank of China（中国）	3,299億ドル	34.6
14	エクソン・モービル　Exxon Mobil	3,265億ドル	34.3
15	サムスン電子 Samsung Electronics（韓国）	2,942億ドル	30.9
17	ウォルマート・ストアーズ Wal-Mart Stores	2,545億ドル	26.7
38	トヨタ自動車（日本）32.6億株	2,090億ドル	21.9
43	シティグループ　Citigroup	1,805億ドル	19.0

新日鉄住金とJFEスチール（昔の川鉄と日本鋼管）が、約1億トンを生産している。日本は高性能の薄板や自動車用のハイテンション薄板などを中心につくっている。これはまだ中国が真似できない。

だがH形鋼《エイチがたこう》という高層ビルをつくるための大きな鉄鋼の枠組み材や、コイル、丸棒などはほとんど中国製だ。これが世界市場を席巻《せっけん》している。ヨーロッパは、オランダのミッタル・スチールとルクセンブルクのアルセロールが合併して、アルセロール・ミッタルになった（2006年）。この会社が約1億トンを生産して世界一だ。製品の質はいいのだが、価格では中国産にかなわない。中国産は半値でも攻めてくる。インドのタタ・グループは2007年にイギリスの鉄鋼メーカーのコーラスを買収したが失敗した。

結局、中国産品の鉄鋼に価格競争でどこも太刀打ちできない。ヨーロッパの製鉄業界も中国資本にほとんど買収された。アフリカやアジア諸国、南米も中国製になっていく。たとえばブラジルの鉄鉱山会社《アイアンマイン》で世界一の鉄の生産をしているヴァーレは、はなから鉄鋼《スチール》製品を作らない。どうせ価格と品質で負ける、と分かっていたからだ。その分、賢いのだ。

エネルギー（原油と天然ガス）については、ロシアと中国が組むことで、もうすぐ石油と天然ガスやその他の鉱物資源の価格決定権を握《にぎ》るだろう。いよいよユーラシアの時代に

米エンタメにも買収攻勢をかける中国企業

レジェンダリー・エンターテインメント（映画制作） 35億ドル	➡	大連万達が買収 2016年1月
AMCエンターテインメント・ホールディングス（映画館チェーン） 26億ドル	➡	大連万達が買収 2012年9月
カーマイク・シネマズ（映画館チェーン） 11億ドル	➡	大連万達傘下のAMCが買収 2016年3月
アンブーリン・パートナーズ（スティーブン・スピルバーグ監督の映画会社）	➡	電子商取引最大手アリババグループが提携 2016年10月
STXエンターテインメント（映画制作）	➡	インターネット大手テンセントと香港の通信大手PCCWが出資 2016年8月
ライオット・ゲームズ（世界最大のゲーム会社リーグ・オブ・レジェンド）	➡	テンセントが完全子会社化 2015年12月

ゲーム＝e（イー・）スポーツ市場への中国の投資が急激に増えている。中国一の富豪・王健林の息子・王思聡が資金源で、彼はゲーマーから「校長」と呼ばれている。

の構想”であるか。日本人はまだ自覚していない

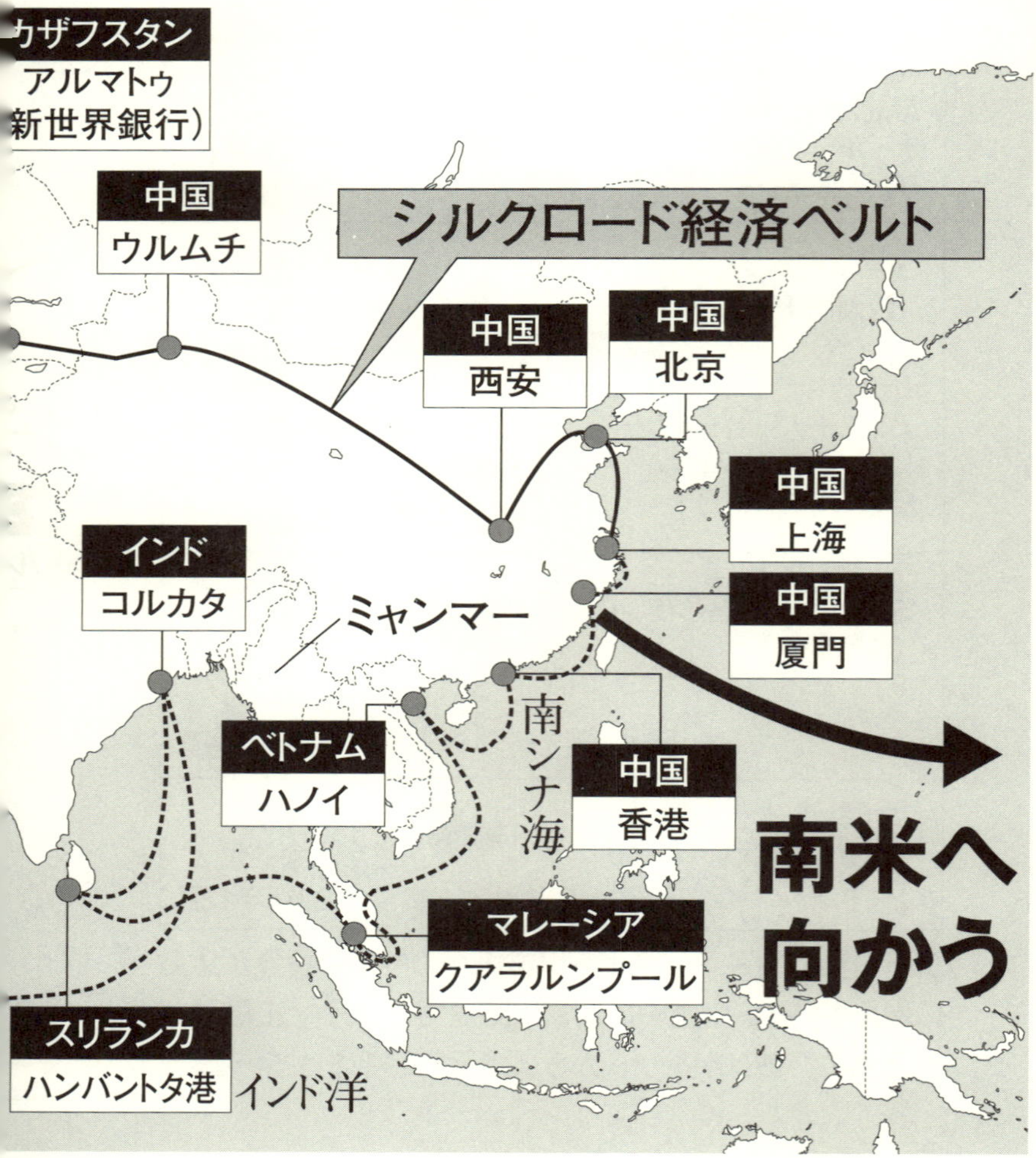

一帯一路《ワンベルトワンロード》がどれぐらい大きな“中国の世界制

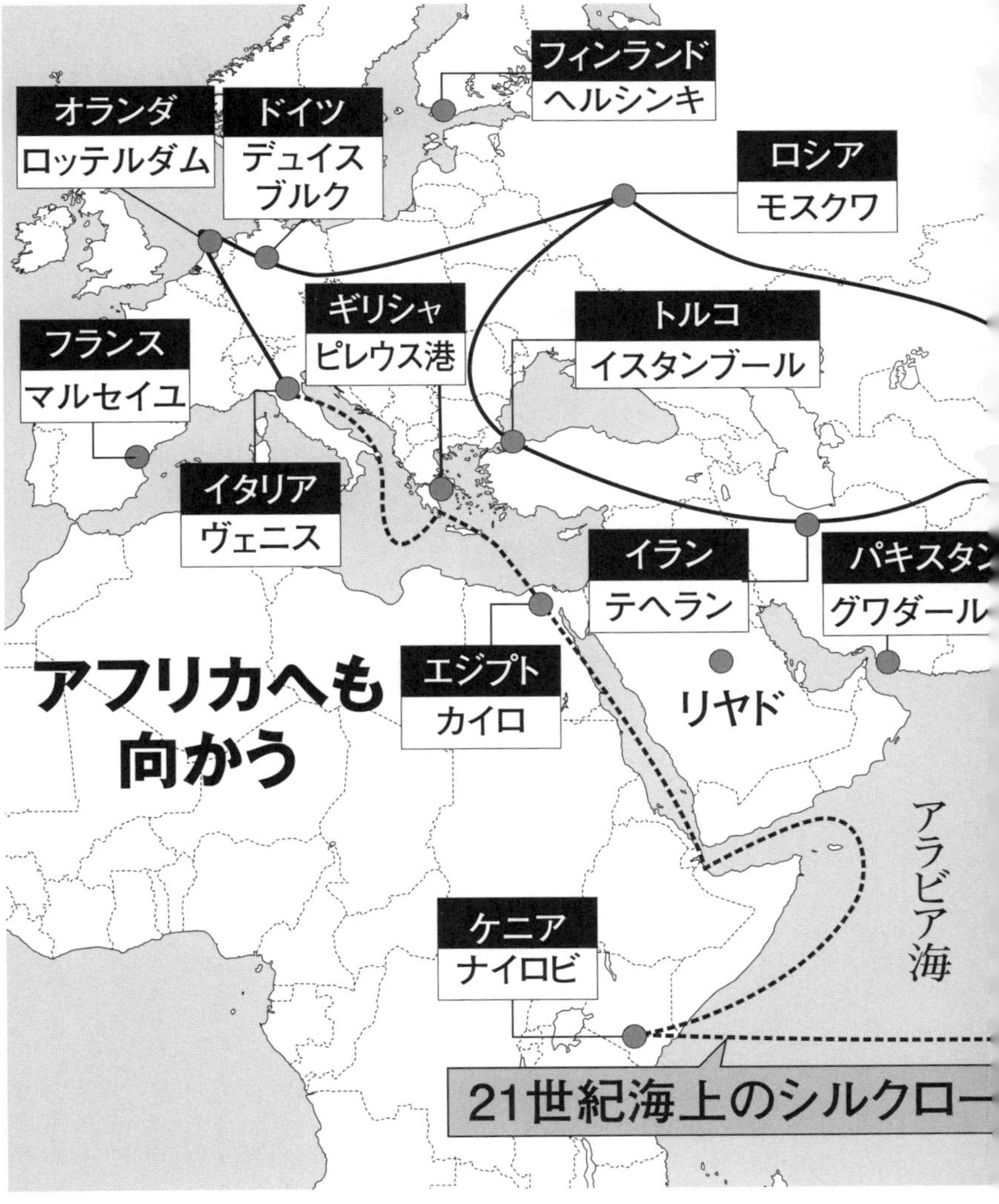

なっていく。

一帯一路は今どうなっているのか

ここからは中国が主導するＡＩＩＢと「一帯一路」についてみてゆく。Ｐ２１４〜Ｐ２１５の地図やＰ２１７の図表などを示しながら説明していく。ＡＩＩＢと一帯一路は密接につながっているのだ。

「ＡＩＩＢが発足2周年、対中投資が最近になってやっと実施された」

12月25日、アジアインフラ投資銀行（ＡＩＩＢ）は発足２周年を迎えた。ここ２年、ＡＩＩＢはどのような成果を上げてきたのだろうか。

ＡＩＩＢは２０１５年12月25日に発足し、16年1月16日に正式に開業した。創設時の資本金は１０００億ドル。創設メンバーは57カ国で、その後メンバーは増加を続けている。２０１７年3月、5月、7月、12月に、メンバーは27カ国増え、参加国は84カ国・地域まで増えた。

AIIBにはすでに世界84カ国が参加している

域内メンバー	応募済資本	
	出資額（100万USD）	比率
中国	29,780.40	31.35%
インド	8,367.30	8.81%
ロシア	6,536.20	6.88%
韓国	3,738.70	3.94%
オーストラリア	3,691.20	3.89%
インドネシア	3,360.70	3.54%
トルコ	2,609.90	2.75%
サウジアラビア	2,544.60	2.68%
アジア域内計	73,729.10	77.61%
ドイツ	4,484.20	4.72%
フランス	3,375.60	3.55%
イギリス	3,054.70	3.22%
イタリア	2,571.80	2.71%
スペイン	1,761.50	1.85%
域外計	21,272.00	22.39%
合計	95,001.10	100.00%

（出所）AIIB の公表資料に基づき作成

直近では12月19日で、クック諸島とバヌアツ、ベラルーシ、エクアドルの計4カ国の加盟が承認された。

正式に開業して以降、ＡＩＩＢは12カ国のメンバーのインフラ建設24プロジェクトに投資を実施した。その融資総額は43億ドル。２００億ドル以上の公共、私営機関の資金が動くよう牽引した。

今年６〜７月、ＡＩＩＢは格付け機関の「ビッグ３」と称されるムーディーズ、Ｓ＆Ｐレーティング、フィッチ・レーティングスから最上位の格付け「ＡＡＡ」を相次いで取得した。10月にはバーゼル銀行監督委員会（ＢＣＢＳ）から「ゼロ％リスク・ウェイト」の承認を得た。

ＡＩＩＢ関連の責任者によると、現時点で投資された24プロジェクトは、エネルギー、交通、都市インフラなどの分野だ。

ＡＩＩＢの公式サイトによると、24プロジェクトは、フィリピン、インド、パキスタン、ミャンマー、インドネシアなどのプロジェクトで、スラム街の改造、洪水対策、天然ガスインフラ、高速道路、農村の道路、インターネット、電力システム、地下鉄建設などがその内容だ。

ＡＩＩＢは、持続可能なインフラ、民間部門の資本参加推進、越境コネクティビティを今後重点的に投資を展開する分野に指定している。
ＡＩＩＢは12月11日、初の対中投資として、北京市の大気の質改善と天然ガス導管網建設事業に２億５０００万ドルを融資すると発表した。

（２０１７年12月27日　人民日報）

これがＡＩＩＢ（アジアインフラ投資銀行）の隆盛の現状である。

「一帯一路」One Belt One Road 構想について、「現代のシルクロード」という言い方を中国が言い出した。ただし「シルクロード」という言葉は世界歴史学（界）にない言葉だ。「絹之《の》道」という言葉は歴史文献にない。出て来ない。１９８０年からのＮＨＫの番組「シルクロード」が作った架空の言葉だ。

キャラバン隊が何千キロの距離をイランの壺を運んだとか、珍しいじゅうたんを運んだとかというイメージもウソだ。確かに運んだのは事実だ。だが、ひとつのキャラバン隊はせいぜい２００キロしか行かない。路線バスと同じで同じルートを行ったり来たりで、よくて２日が限度だ。それ以上、動けない。荷物（商品）は、どんどん積み替えてゆくのだ。

着々と 「一帯一路」はつながっていく

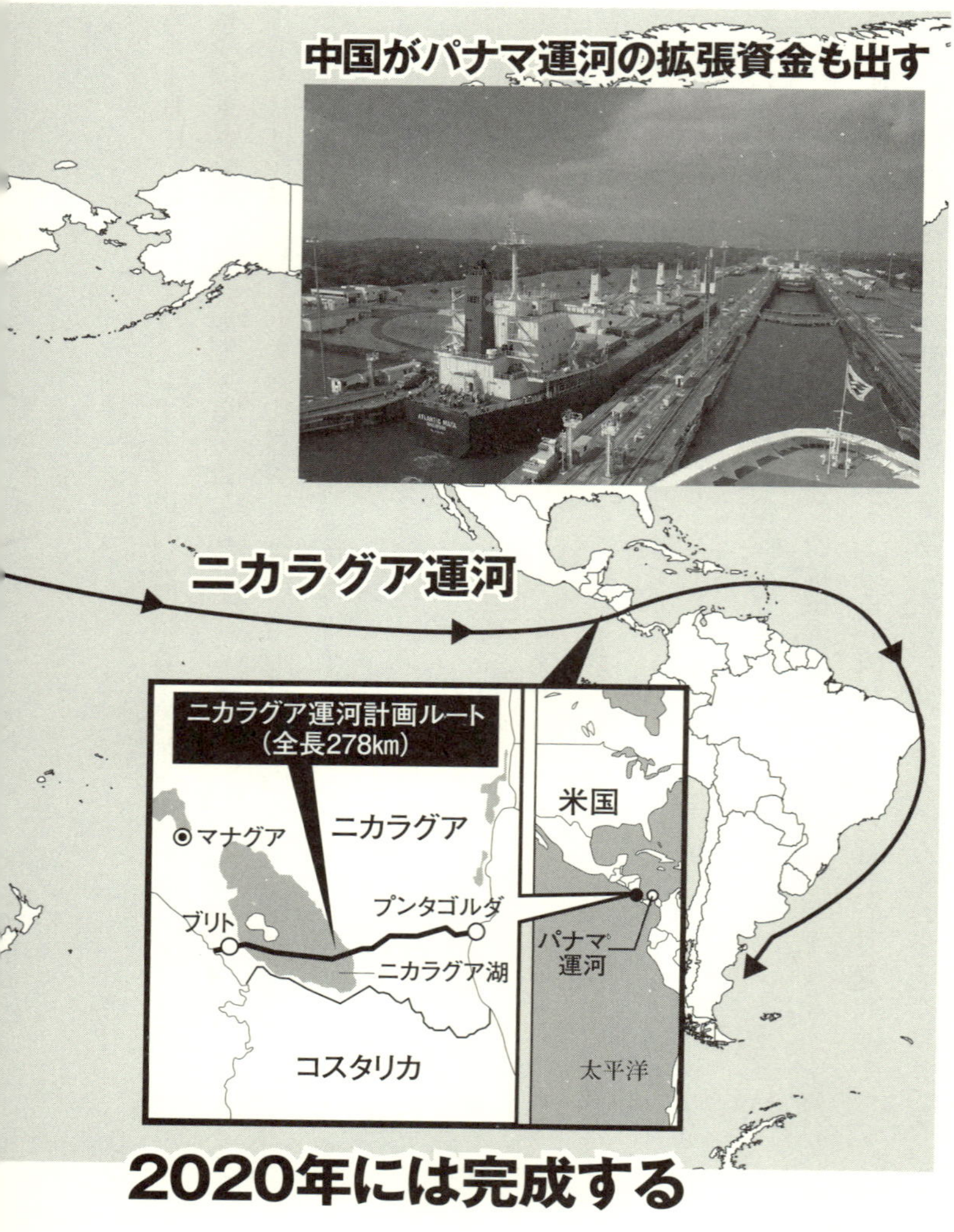

中国がパナマ運河の拡張資金も出す

2020年には完成する

アメリカの裏の池(バックポンド)にも

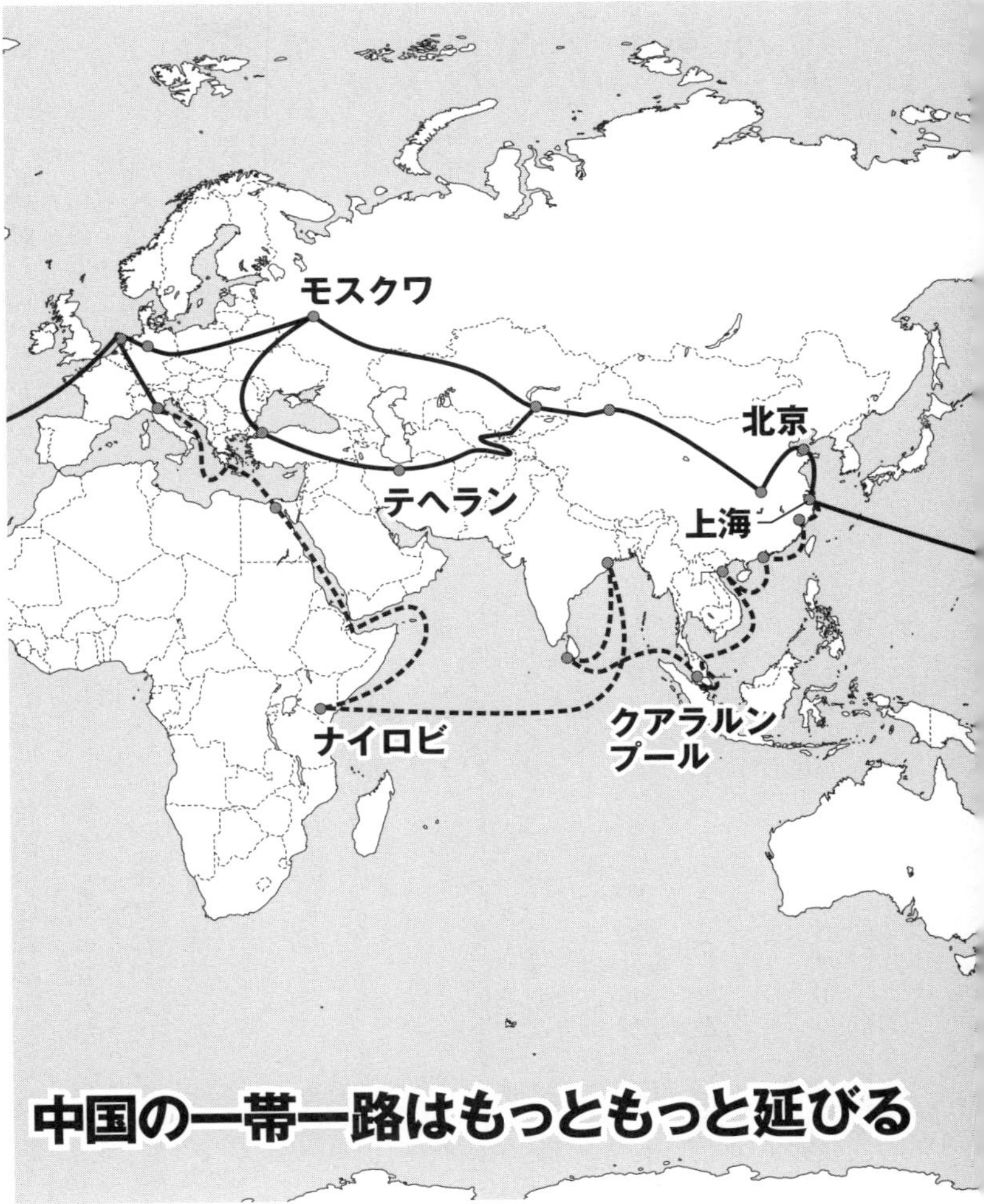

中国の一帯一路はもっともっと延びる

同じ人間がずっと移動し続けるということもほとんどない。長期旅行者はいるだろうが、国家使節レベルだ。軍隊かスパイか国家使節だ。マルコ・ポーロもそういう人なのだ。シルクロードという概念は「元々なかった」ということを私は言っておかなければならない。「月の砂漠を……」というのは物語、幻想なのだ。本物の運送事業者、運輸労働者は、危険な旅などしない。

この一帯一路はもうすぐ南米まで延びる。P220~221の図のとおりだ。ニカラグア運河ができれば、カリブ海に大きな穴がドカーンと開いて物流の道ができる。そうすると南米諸国まで一帯一路でつながる。

古くからあるパナマ運河（1914年開通）の拡張工事が行われている。何とその資金も中国が出している。ここで中国の荷物船をいじめてきたくせに、このざまだ。いろいろ欧米白人たちから悪口を言われても、ニカラグア運河（全長278キロ）はどうせあと2年で開通する。ここのオルテガ政権という社会主義政権が中国と組んで建設中だ。真ん中に湖があって、そこを通って、両方の海につながる。地図を見ればわかる。これができるとカリブ海に中国の一帯一路の大きな風穴が開く。

中南米諸国（ラテンアメリカ）は、400年間西欧諸国が植民地支配したあとは、政治的にも北米のアメリカ合衆国の勢力下に入った。カリブ海とは合衆国《ユーエスエイ》の〝裏の池《バック・ポンド》〟であり、南米諸国は〝裏の庭《バックヤード》〟である、と言われてきた。一帯一路の経済動脈が通ることで、アメリカ合衆国の南米支配も少しずつ終わってゆく。

「ニカラグアの『第2パナマ運河』完成遠く資金不足や反対運動で」

中米ニカラグアで〝第2パナマ運河〟とも目される巨大運河構想が頓挫している。当初計画では、2020年の完成予定だった。いまだ本格着工できていない状態だ。工事を請け負う中国系企業の資金不足が指摘されているほか、土地を接収される農民などの反対運動も根強い。カリブ海とニカラグアを結ぶ運河をテコに経済成長を図るというオルテガ大統領のシナリオはかすみつつある。

首都マナグアから南東へ車で約1時間半。古都グラナダの先に広がるのが中米最大の淡水湖、ニカラグア湖だ。琵琶湖の12倍もの広さを誇り、湖畔には観光用や漁業に使うボートが浮かぶのどかな風景が広がる。

この湖に開発計画が持ち上がったのが2013年半ばだ。「ニカラグア運河」はパナマ運河の3倍超となる全長278キロメートル。うち105キロメートルはニカラグア湖を通る。運河に付随して港湾施設、空港、観光施設なども建設し総工費は５００億ドル（5兆５０００億円）に上る。政府は工事期間中に5万人、運用開始後には関連産業を含め20万人の雇用が生まれ、２ケタの経済成長が続くと期待する。

建設・運営権を獲得した中国系企業ＨＫＮＤ《エイチケイエヌディ》は総工費の一部を負担するとされていたが、同社の王靖《おうせい》最高経営責任者（ＣＥＯ）の資産が株の暴落で大幅に減ったとの報道もある。他の外国企業などからの出資を見込んでいるが、今のところ参画の話は出ておらず、本当に巨額資金を調達できるのかは不透明なままだ。

国際関係の変化も影響がある。今年6月、パナマが台湾と断交、中国と国交を結んだ。ＨＫＮＤの王氏は、中国共産党幹部と太いパイプがあるとみられ、運河建設は中国政府の意向とみられてきた。

（２０１７年10月24日　日本経済新聞）

このようにニカラグア運河の工事が停滞している、と日本のメディアは書く。しかしどうせもうすぐ工事が終わって開通する。

とにかく欧米と日本の保守派のメディアは中国の世界中への拡大と伸長《しんちょう》を腐《くさ》したくて

着々と進むAIIB《エイアイアイビー》承認のプロジェクト

2018年4月

対象エリア	件数	投融資額（100万USD）
インド	5	1,074.0
オマーン	3	540.0
インドネシア	3	441.5
パキスタン	2	400.0
バングラデシュ	2	225.0
タジキスタン	2	87.5
アゼルバイジャン	1	600.0
中国	1	250.0
エジプト	1	210.0
フィリピン	1	207.6
アジア	1	150.0
ジョージア	1	114.0
ミャンマー	1	20.0
計	24	4,319.6

現在進行形中のプロジェクトは24件。投《とう》融資額は約43億ドル。大半が貧しいアジア諸国の政府、または国営企業（国有企業）向けの案件である。

（出所）AIIB の公表資料に基づき作成

たまらない。本心は中国への恐怖心だ。こういう中国の大工事はいつの間にか完成して、みんながア然とする。

インドネシアの高速鉄道についても「工事が難航」と書く。だが、どうせこれも中国の力で開通する。工事の遅れのほとんどは、現地での用地の買収が反対運動で進まないためだ。これに比べれば、アメリカ合衆国が日本の資金と技術で作ろうとしてきた、3つの新幹線（通勤用の高速鉄道）はひとつもできていない。

①東のボストン・NY・ワシントン線も、②カリフォルニアのLA《エルエイ》とSF（サンフランシスコ）間も、③テキサス州のダラス・ヒューストン間《かん》も進まない。この③だけでも、トランプ政権はなんとか開通させたい。ところが、砂漠が多いテキサス州でさえ線路予定地近郊の農場主たちが、「牛のお乳が出なくなる」とかで反対運動をするため用地が買収できない。アメリカのこのていたらくは、日本では全く報道されない。

ニカラグア運河が完成すれば、巨大な大量の輸送船団がコンテナ船、バルク船、天然ガスや石油の輸送船などが、南米諸国に直流で入っていく。これで中国は今、苦境にあるベネズエラを救済できるだろう。

ベネズエラは、海辺にまでベタベタにあふれ出ているサルファ（硫黄）をたくさん含んだ低質の原油がものすごい量で出る。これらを高性能のリファイニング・プラント（精油所）で精製して、石油にすることができれば豊かな国になれる。この高性能の精油設備が日本にはある。余っている。「不況カルテル」で設備の共同廃棄までやっている。あわれなものだ。こうして南米諸国までが、中国が経済面から支援していく地域（リージョン）に変わるということだ。

「パナマ運河拡張が完了　中国コンテナ船が通過第一号に」

大西洋と太平洋を結ぶ中米パナマ運河の拡張工事が完成し、6月26日に現地で記念式典が開かれた。中国のコンテナ船が拡張後の運河を通過した第一号となった。太平洋側のココリ水門に船が到着すると、花火が打ち上げられ、集まった群衆から歓声が上がった。パナマのフアン・カルロス・バレラ大統領は、パナマ運河は世界を結びつけるルートだと述べた。拡張工事に携わった3万人近くの人々に感謝した。77キロに及ぶ運河に、新たな水路を設ける工事は、２００７年に始まり、当初計画では２０１４年に完成する予定だった。しかし、ストライキや建設費をめぐる問題で完成が遅れた。建設費は52億ドル（約７１００億円）に上った。

米国が建設したパナマ運河は、１９１４年8月に使用を開始。その後、１９９９年末にパナマ国に全面返還された。パナマ運河は、１日あたり35から40余りの船が毎日通過する。拡張工事によって、これまでよりも新型で大型のコンテナ船の通過が可能になる。

パナマ政府は運河拡張による収益増を期待している。２０１５年の収入は26億ドルだったとみられる。しかし、同じ中米のニカラグアが新たな運河を建設中で、パナマ運河との競合が予想される。議論を呼んだ全長２７８キロのニカラグア運河の建設は中国系企業が請け負っており、水深や幅でパナマ運河を上回る。建設工事は２０１４年に始まり、建設費は推計５００億ドル（約５・２兆円）。

（２０１６年6月27日　ＢＢＣ）

このように、ニカラグア運河は5兆２０００億円もかけて中国が建設中である。中国の力はものすごいものだ。

古いパナマ運河のほうの拡張工事も中国からの資金で行われた。英ＢＢＣはわざとこの事実を書かない。これまで軍事的にアメリカがパナマ運河を押さえていたから、中国はあれこれ邪魔されいやがらせを受けてきた。ところが現実はこのように変化している。

一帯一路はさらにアフリカへも広がってゆく。

アフリカへと着実に広がる経済網

アフリカ諸国にまで、一帯一路とＡＩＩＢ融資は延びてゆく。中国からのアフリカ諸国への投資が進んでいる。アフリカ50カ国に、それぞれの国の実情に合わせて鉄道を通したり、ダムを建設したり、道路を通す事業を中国は計画的に行っている。そこにＡＩＩＢからの資金（それぞれの国への借款《しゃっかん》＝融資）が投入される。

アフリカは歴史的にヨーロッパ白人諸国に植民地にされたところだ。それを中国がひっくり返していく、という段階に入っている。アンゴラとモザンビークに、中国は、自分自身がド貧乏だった１９６０年代から開発援助してきた。主に鉄道を通した。

本当のことを書くと、これらの世界各地での鉄道建設には、中国の「生産兵団《せいさんへいだん》」という準軍隊が使われる。私は、この「生産兵団」の実態を２００８年に、新疆ウイグルの炎天

列車で3日間でつながる

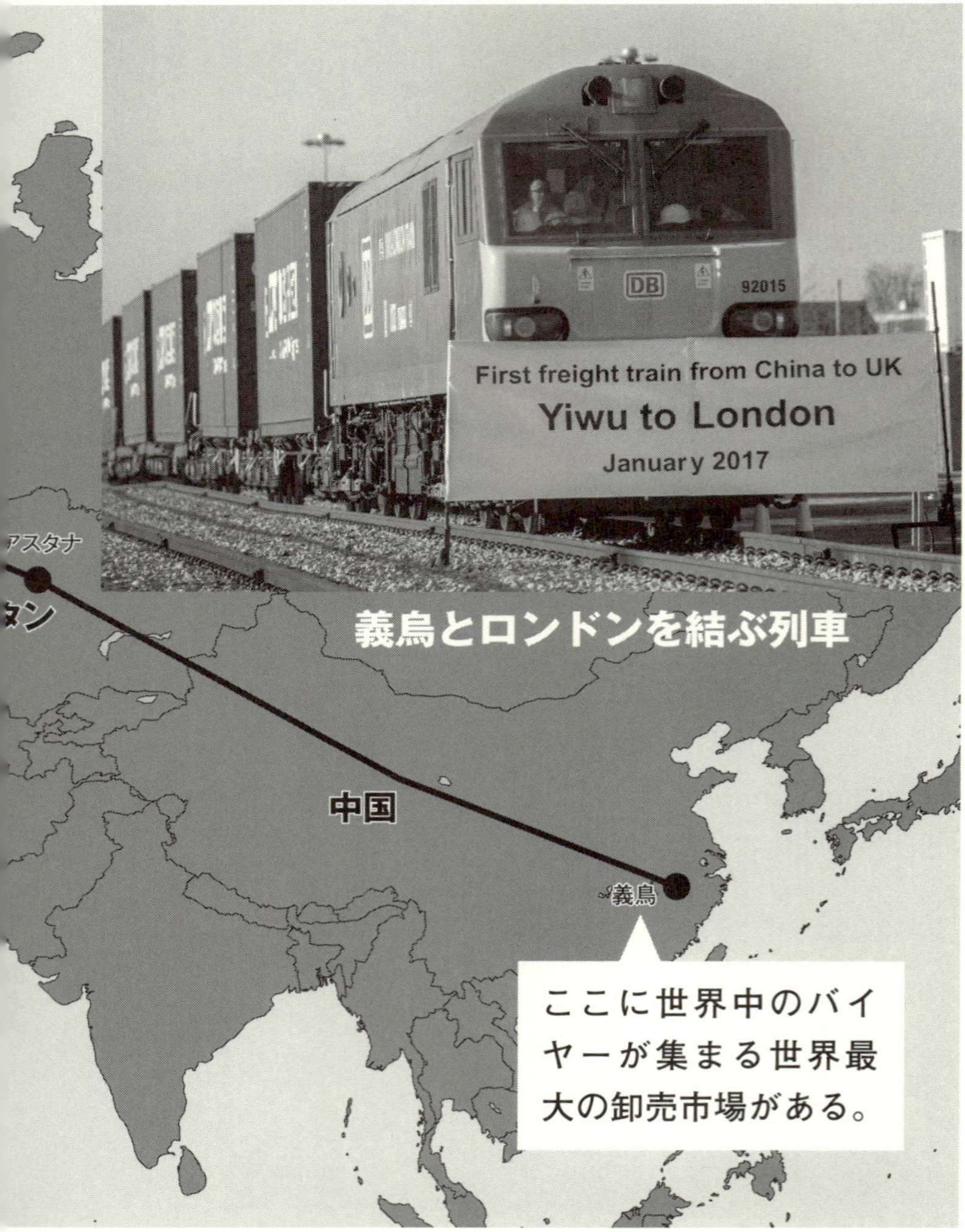

義鳥とロンドンを結ぶ列車

地方都市・義烏《ぎう》とロンドンは

中国の走出去《そうしゅつきょ》（海外進出のこと）はおそろしいほどのものなのである

下の岩石砂漠地帯で目撃した。中国は、刑務所の受刑者（囚人）たちを大量に連れて来て、これらの荒れ地やジャングルの開発工事をやらせている。世界中でやっている。数百万人が動員されているだろう。それが「生産兵団」の実態だ。

この現代の奴隷労働のことを知ると、私は、中国人民の世界各国への汗みどろの献身のことを想って涙が流れる。欧米白人と日本の反《はん》中国右翼どもよ。お前たちにこの中国人の血みどろの大きな苦悩と努力が分かるか。

「ケニアで長距離鉄道開業　中国出資、最大規模の事業」

「中国が提唱する巨大経済圏構想「一帯一路」。

ケニアの首都ナイロビと、南東部の港湾都市モンバサ間約４８０キロを結ぶ鉄道が5月31日、開業した。ケニアが１９６３年に独立して以来、最大規模のインフラ事業。建設資金約38億ドル（約４２００億円）の約9割を中国が出資した。中国国営新華社通信などが報じた。

中国は将来的に、ケニアから周辺国のウガンダやルワンダ、南スーダンに延伸させる計画。実現すれば、東アフリカにおける中国の存在感が一層高まりそうだ。

上海黄金《おうごん》取引所が金《きん》の世界値段を決める

上海の金市場（現物《げんぶつ》市場）と、LBMA《エルビーエムエイ》（ロンドン・ブリオン・メタル・アソシエイション。ロンドン金協会）が組んで、金価格の決定権を、アメリカのCOMEX（コメックス。先物《さきもの》市場）から奪いとる。

ナイロビーモンバサ間には、英国植民地だった100年以上前に建設された鉄道があるが、老朽化している。新鉄道建設は中国企業が受注し、2014年12月に工事が始まった。乗客と貨物の双方を運び、輸送時間が大幅に短縮されるという。

中国は、東アフリカのエチオピアージブチ間に開業した総距離750キロ超の鉄道建設を支援するなど、近年アフリカ各国で鉄道整備に深く関わっている。

（2017年5月31日　産経新聞）

このようにケニアやウガンダにも鉄道が通った。エチオピアの首都アジスアベバに中国が資金を出してできたアフリカ連合《ユニオン》（AU《エイユー》。アフリカ統一機構が2002年に改称）の本部ビルも、2012年に完成した。

「中国企業、アフリカ電力市場での存在感が高まる」

最近、中国とアフリカ各国の電力分野での協力をめぐる良いニュースが相次いでいる。相次ぐ重大電力プロジェクトの建設が現地のエネルギー構造を最適化し、電力が逼迫する状況を緩和。中国企業が請け負うプロジェクトは、アフリカの電力業界の発展や電力の普及拡大、経済成長の促進に大きな貢献を果たした。
11月10日、人口がアフリカ最多のナイジェリアで、中国能建の傘下、中国葛洲壩《かつしゅうは》集団《しゅうだん》を筆頭とする「葛洲壩―中国水電―中地海外」中国企業3社ＪＶ（共同企業体）は、ナイジェリア電力・工事・住宅建設省と、マンビラ水力発電プロジェクトをめぐって総額57億９２００万米ドルの契約を結んだ。これは、中国企業が海外で請け負った過去最大の水力発電プロジェクトとなる。

　人口がアフリカ最多、アフリカ第2の経済国のナイジェリアでは、発電量が不足し、電力インフラ整備の遅れがナイジェリアの経済モデル転換、工業の発展を阻んで、国民生活の水準向上における「悩みの種」となってきた。マンビラ地区の水利資源開発は、ナイジェリア政府と国民の念願だった。

　ナイジェリア電力・工事・住宅建設相は契約セレモニーで、40年余りにわたるマンビラプロジェクト開発の歴史を振り返り、ナイジェリアの電力開発と民生改善に対する同プロジェクトの重要性を強調。

　ナイジェリアにとってマンビラ水力発電プロジェクトは、中国の「三峡《さんきょう》ダム工事」

に相当する重大な意義を持つ。また、アフリカ最大の水力発電所となり、アフリカ大陸「2050発展計画」の早期実現に大きく貢献する見通しだ。

11月15日、中国からの借入金を使ったエリトリアのHirgigo発電所拡張プロジェクトの完成式典が、同国沿岸都市のマッサワで開かれた。同発電所は、エリトリア唯一の大規模発電所だ。

中国とエリトリア政府の承認を経て、中国輸出入銀行は、発電所拡張と発電設備2機（各23メガワット）増設に、9800万米ドルを提供。拡張プロジェクトの着工は2015年5月で、請負業者は上海外経《がいけい》集団。2017年5月には、発電設備の全体調節、性能測定などを終え、同年10月に連続ゼロ故障の信頼性運行試験をクリアし、エリトリア側の使用条件を満たす状態で引き渡された。拡張後の発電所は再び活気を取り戻し、エリトリアの電力逼迫《ひっぱく》を大きく緩和し、首都や地方都市の生活用電力を支えている。

11月17日には、中国国電《こくでん》集団公司が手がける竜源《りゅうげん》南アフリカ・デュア風力発電プロジェクトが竣工した。これは中国国有発電企業が、アフリカで初めて投資、建設、

次の世界銀行《ニュー・ワールドバンク》は、カザフスタンの旧都アルマトゥにできるだろう

発展するアルマトゥの町並み

中央アジア5カ国のひとつカザフスタン（ナザルバエフ大統領）は、中国とロシアが主導するSCO《エスシーオー》（上海協力機構）のオリジナルメンバー「上海ファイブ」の1国。このSCOが実はユーラシアの集団安全保障＝軍事の体制である。アルマトゥがやがて世界の中心になる。

運営を一体的に手がける風力発電プロジェクトとして、アフリカで中国の風力発電企業が「エコ名刺」のアピールに成功し、中国が進める風力発電の「走出去《そうしゅつきょ》（海外進出）」においてマイルストーンの意義を持つ。デュア1期工事と2期工事はそれぞれ、北ケープ州デュアの南西25kmと北東75kmに位置する。竜源グループにとってこのプロジェクトは非常に価値あるもので、風力発電設備計163基、総発電容量240メガワットの南アフリカ最大規模となり、経済と生態に及ぼす効果は大きい。

（2017年11月23日　中国網）

このように中国は「世界にはばたく」。この歌を春節聯歓晩会《しゅんせつれんかんばんかい》（中国の紅白歌合戦）で、中国の人気歌手たちが合唱していた。この勢いを誰も止《と》めることはできない。

次の世界銀行はアルマトゥという都市

私は2009年7月に、さる筋に誘われて、カザフスタンという国に調査に行った。このとき分かったのだが、中央アジア5カ国の1つであるカザフスタンの旧都アルマトゥに、

カザフスタン国のアセット・イシェキシエフ産業貿易長官と著者

2009年7月16日 撮影 首都アスタナ（右）の政府ビルで

どうやら新しい世界銀行（ニューワールドバンク）が建設されるようだ。このことを私はすでに自分の本に書いた。だが、誰も信じてくれない。私以外ではリチャード・クー氏が知っている。彼は、ここに招かれて、「30カ国の中央銀行の総裁たちに講演をする」そうである。

カザフスタン国は、穏《おだ》やかなイスラム教の国である。独裁者とも言われるが、ナザルバエフ大統領がしっかり統治している。国民生活は安定していた。この国はかつてはソビエト・ロシアの一部であった。そして中国の西隣りである。

ユーラシア（ヨーロッパとアジアの意味）大陸の地球上の中心（ド真ん中）はこの国である。だからここに新しい世銀《せぎん》が出来てもおかしくない。このことをヨーロッパが承認すればいい。インドと南米諸国は、それでいいと言うだろう。イスラム諸国もOKを出す。だからここなのだ。

「荒野にたつ「陸の港」 中国・カザフ国境地帯『一帯一路』で物流の要衝に」

カザフスタンの最大都市アルマトイから荒野を車で走ること約4時間。大型クレーンがうなりを上げ、線路幅が異なる中国から到着した鉄道コンテナを積み替えていた。カザフ国鉄が2015年に中国国境のホルゴスに開いた「陸の港」と呼ばれる物流基地だ。

「この列車の行き先はドイツ西部デュイスブルクです」。運行部門の責任者によると、積み荷は自動車部品やIT（情報技術）機器などを主力とする。ここからドイツまでは10日ほどの道のりだという。

開業以来で約11万TEU（20フィートコンテナ換算）のコンテナを処理した。中国沿岸から欧州まで船で約40日の所要日数を、半分程度に短縮できるため、運賃が割高でも陸路を選択する荷主が増えているという。

中国は欧州とを結ぶ広域経済圏構想「一帯一路」の重要拠点にカザフを位置づけ、影響力拡大に動く。海運世界4位の中国遠洋海運集団（コスコ・グループ）と江蘇省連雲港の運営会社は今年5月、各国首脳が北京に集った国際会議に合わせホルゴスの物流基地への計49％の出資を発表した。

中国の存在感を実感できるもう一つの場所が、自由貿易特区「ホルゴス国際国境協力センター」だ。パスポートなしで往来でき、中国側の免税モールはカザフ人客でごった返していた。

免税店の多くは中国企業の経営だ。

往来の不均衡はコンテナ貨物にも現れている。カザフからはウランや原油以外に中国に輸出する目ぼしい品目がなく、中国製品で満杯のコンテナの多くが空で帰っていくのが実情という。

人口1790万人のカザフスタンでは中国にのみ込まれかねないとの懸念も広がる。

（2017年10月5日 日本経済新聞）

世界の〝スマホの首都〟は深圳である

最後に、どうしても広東省の深圳《しんせん》の異様な成長のことを私は書きたい。ところが著者である私が、この本をここまで書いてきてへバりそうである。だから、深圳（香港の北の隣り）のものすごい現状について書く気力を失った。

そこでまず、藤田祥平（27歳）という優れたライターの現地レポートのルポルタージュを載せる。このネット（IT《アイティ》）世界の先端を行く若いライターの元気いっぱいの文章を読むだけで、深圳のすごさが少しわかるだろう。

「日本が中国に完敗した今、26歳の私が全てのオッサンに言いたいこと 勝手に『終わり』とか言ってんじゃねえ」

藤田祥平

私はバブル崩壊の暗雲立ちこめる1991年に生まれた、失われた世代の寵児である。年齢は26歳。両親は大阪府のベッドタウンでそれなりに大きな中古車販売店を営んでいて、子供のころは金持ちだったが、いまは零落《れいらく》した。

東日本大震災の年に母が急逝したのだが、そのころから父は折りに触れて金がないとこぼすようになった。（私が）家業を継ぐほうがいいのかと相談すると、「この仕事にはもう未来がないからやめておけ」と父は言った。

それで文章の道に進んだ。こちらもそんなに豊かな未来があるわけではないが、どうせなら好きなことをやるほうがいい。

そうして1年ほど（私は）ウェブ媒体で記事を書き続けた。専攻はビデオゲームと小説だが、注文があればなんでも受ける。

その甲斐あってか、とあるメディアから声がかかり、先月中国へ取材旅行を敢行した。取材の目的は、中国のヴァーチャル・リアリティ市場を調査することだった。その内容は、「電ファミニコゲーマー」なる雑誌にて掲載予定である。

この取材の最中、私は、自分の常識を根底から揺るがされた。

超巨大IT企業、テンセントのお膝元である深セン市——日本でいえばトヨタのお膝元としての愛知県のようなイメージだろう——に香港から入ったとき、もちろん想像していたような共産主義的な雰囲気もあったのだが、中心部に近づくにつれて、その印象はどんどん薄れていった。

負けたのだ、日本が。少なくとも経済的には。

天を突くような高層ビルがあちこちに建ち並び、そのうちのいくつもが建設中である。

華強北（ファーチャンペイ）という名の中心地は、電気街だが、ヨドバシカメラ15棟分くらいの広さがあり、メーカー直営店や個人経営の問屋が延々と続く。

街中のあちこちに放置されている同型の自転車は、スマホのＱＲ《キューアール》コードで決済し、どこでも乗ってどこでも乗り捨てられる「ｍｏｂｉｋｅ《モバイク》」という世界最大のシェアサイクルサーヴィスだ。

ショッピングモールにはココナッツの実が大量に詰められた自動販売機があって、メッセンジャーアプリ「微信（ＷｅＣｈａｔ《ウイーチャット》）」で電子マネー決済を済ませると、機械のなかでココナッツに穴を空け、ストローを挿した状態でココナッツが出てくる。

この「微信」はほぼすべてのサーヴィスや商店に浸透していて、時の流れに忘れ去られたような小汚い個人商店でさえ、オーナーのおじさんとスマホを重ねあわせて決済できる。肌で感じた。中国の経済成長はいわば身体的なものであって、のびのびと身体を動かせばそれだけで充分な対価が返ってくる性質のものなのだ。

そしてこの国は、身体を動かせる若い労働力にあふれている。つまり、老齢をむかえて思うように身体が動かなくなった日本が、いまの中国から新しく学べることは、おそらく何もない。

この圧倒的な深センの街のなかで、私は思った。「私たちはもう、これを高度成長期に体験済みなのだ」と。

（2017年12月2日 現代ビジネスオンライン）

この藤田祥平君の文はホンの触《さわ》りである。深圳のものすごさについては、私は、最小限のこれだけはどうしても書いておかねば、ということを書く。

深圳はP248の写真のとおり、中心にまるでロケットのような超ノッポビルを建てて、その周りに80階建てぐらいの高層ビル群を配置している。たったこの5年で深圳をハイテク都市に変えたのは汪洋《ワンヤン》副首相だ（汪洋《おうよう》は今度の中国のトップ人事のチャイナセブンで序列4位だ）。

深圳が世界の〝スマホの首都〟になったのは、IDH《アイデイエイチ》という設計会社とEMS《イーエムエス》という下請けの組み立て工場を中心に置いたことだ。そして、次々と新しいアイデアを出すことのできる才能のある人間たちをその周りに集めたことだ。この才能人間たちが自分の会社を立ち上げるときに苦労してスマホの製造をする必要がないように、中国政府が後押ししたようだ。

IDH（設計）とEMS（組み立て）を基盤（インフラ）にして、それを能力のある人間たちが自由に使えるようにした。だからスマホづくりの工場を自分で経営する必要がない。斬新なアイデアだけを出せば、あとはIDH（設計）とEMS（下請け組み立て）がそのアイデアに合わせて作ってくれる。

中国人（漢民族）は、互いにケンカばかりしてなかなか団結しない民族だと言われてきた。アメリカ人も団結しない。帝国主義諸国から中国の独立を目指した孫文《スンウエン》は「中国人は砂のような民族だ。団結しない」と嘆いた。

ところが、超ハイテクのコンピュータやスマホ作りのことでは、設計・製造の段階を深圳の地方政府が規格化して、誰でも使える（契約できる）ようにした。中国人は才能、能力のある人間を中心に団結するようになった。

中国人は、「人間の能力は、生まれながらに平等ではない」「能力は不平等である」「能力のある人間の下《もと》に、普通の人間たちを集めて、働かせて皆が食べられるようにする」という、思想原理に政治体制そのものを変更したようだ。

そしてその見本《みほん》が深圳のスマホ生産に見られる。アップルのスマホの9割は今も中国で作られている。だが、残りの1割の能力（才能。アイデア）の部分も、やがて中国が追い抜き奪い取るだろう。このことだけは急いで書いておきたかった。

の世界最大の開発拠点になった

香港の北の深圳《しんせん》がIT・通信企業

あとがき

私は、この10年で計10冊の中国本を書いて出版してきた。この本で11冊目である。

この本で書いたとおり、今の巨大中国の設計図（ＯＳ《オウエス》）を作って与えたのは、森嶋通夫《もりしまみちお》先生（京都大学、ロンドンＬＳＥ教授）である。故森嶋通夫は、私の先生である小室直樹先生の先生である。私に、碩学の二人の遺伝子が伝わっている。それでこの本が出来た。お二人の霊にこの本を献《ささ》げる。

この本を書いている途中にも中国は次々と新しい顔を見せる。その変貌の激しさにこの私でも付いてゆくのがやっとである。同時代《コンテンポラリー》に私たちの目の前で進行したあまりにも急激な巨大な隣国（しかし帝国《ディグオ》）の変化に私自身がたじろいでいる。一体、中国はこれから何をする気か。それでも私は、中国に喰らい付いて、この先も調査研究を続ける。

この本の担当編集者の大森勇輝君が大きく尽力してくれた。唐津隆社長からも気配りをいただいた。記して感謝します。

２０１８年４月

副島隆彦

著者略歴

副島隆彦（そえじま・たかひこ）

1953年福岡市生まれ。早稲田大学法学部卒業。外資系銀行員、予備校講師、常葉学園大学教授などを経て、政治思想、法制度論、経済分析、社会時評などの分野で、評論家として活動。

副島国家戦略研究所（SNSI）を主宰し、日本初の民間人国家戦略家として、巨大な真実を冷酷に暴く研究、執筆、講演活動を精力的に行っている。

『世界権力者図鑑 2018』『中国、アラブ、欧州が手を結びユーラシアの時代が勃興する』『副島隆彦の政治映画評論 ヨーロッパ映画編』（以上、ビジネス社）、『米軍の北朝鮮爆撃は6月！』（光文社）、『世界政治 裏側の真実』（佐藤優との共著、日本文芸社）、『銀行消滅』（祥伝社）、『アメリカに食い潰される日本経済』（徳間書店）など著書多数。
●ホームページ「副島隆彦の学問道場」http://www.snsi.jp/

写真：©ZUMA Press/amanaimages、©共同通信社／アマナイメージズ、©Sipa USA/amanaimages、©Polaris/amanaimages、©The Granger Collection/amanaimages
plavevski、steve estvanik、praszkiewicz、NOWAK LUKASZ/Shutterstock.com

今の巨大中国は日本が作った

2018年5月12日　第1版発行

著　者　副島隆彦
発行人　唐津 隆
発行所　株式会社ビジネス社
〒162-0805　東京都新宿区矢来町114番地　神楽坂高橋ビル5階
電話　03(5227)1602（代表）
FAX　03(5227)1603
http://www.business-sha.co.jp

印刷・製本　株式会社光邦
カバーデザイン　大谷昌稔
本文組版　茂呂田剛（エムアンドケイ）
営業担当　山口健志
編集担当　大森勇輝

ISBN978-4-8284-2010-3

副島隆彦の「中国研究」

中国、アラブ、欧州が手を結び
ユーラシアの時代が勃興する

副島隆彦

「一帯一路」とＡＩＩＢで
中国が勝つ

●ＡＩＩＢで中国、アラブ、欧州がつながる
●中国が打ち出した大きな世界戦略「一帯一路」
●インドと中国の問題もいずれ解決する
●「香港の一国二制度」は中国民主化へのステップ
●中国は、戦争をしない。する必要がない

四六ハードカバー　定価：本体1600円＋税